Светлана Иванова

Полезная Психология для думающих людей

Светлана Иванова

# Полезная Психология для думающих людей

## Книга-размышление

Bloggingbooks

**Impressum / Выходные данные**
Bibliografische Information der Deutschen Nationalbibliothek: Die Deutsche Nationalbibliothek verzeichnet diese Publikation in der Deutschen Nationalbibliografie; detaillierte bibliografische Daten sind im Internet über http://dnb.d-nb.de abrufbar.

Библиографическая информация, изданная Немецкой Национальной Библиотекой. Немецкая Национальная Библиотека включает данную публикацию в Немецкий Книжный Каталог; с подробными библиографическими данными можно ознакомиться в Интернете по адресу http://dnb.d-nb.de.

Coverbild / Изображение на обложке предоставлено: www.ingimage.com

Verlag / Издатель:
Bloggingbooks
ist ein Imprint der / является торговой маркой
OmniScriptum GmbH & Co. KG
Heinrich-Böcking-Str. 6-8, 66121 Saarbrücken, Deutschland / Германия
Email / электронная почта: info@bloggingbooks.de

Herstellung: siehe letzte Seite /
Напечатано: см. последнюю страницу
**ISBN: 978-3-8417-7146-9**

*Каждый хочет изменить человечество, но никто не задумывается о том, как изменить себя.*

Л. Н. Толстой

## Предисловие.

В своей книге, так же как и в своем блоге «Полезная Психология», я не ставила цели давать советы, учить жить. Единственная цель - заставить человека думать.

Психология бывает научная, практическая, а еще, по моему мнению, бывает полезная, та, которая учит думать, учит размышлять и находить решения, нетривиально смотреть на жизнь. Практически всегда люди обращаются к психологии с целью получить совет как поступить в той или иной ситуации. Но ведь психология, это не кулинарная книга, следуя советам которой можно приготовить себе какое-то блюдо, да и блюдо-то даже по одному и тому, же рецепту у разных людей получается разного вкуса, а тут жизнь. Чтобы блюдо получилось вкусным в него нужно «вложить душу», прочувствовать. Так и в жизни – нужно «вложить душу». Прежде чем что-то решить, нужно прочувствовать ситуацию, разобраться в ней.

Книга состоит из коротких заметок, в каждой из которых содержится какая-то мысль, информация к размышлению. Может быть вы даже никогда об этом не думали, или эта мысль приходила к вам в голову, но вы ее либо отгоняли, либо она не находила поддержки у окружающих. Может быть, прочитав заметку теперь, вам удастся более глубоко осмыслить это. И, может быть, это самое переосмысление выведет вас на какой-то новый уровень, поможет что-то пересмотреть в своей жизни, что-то изменить в ней. Причем изменить самостоятельно, без чьей-то помощи. То, что давно изменить хотелось, но вы не знали, как, и не знали где искать ответы на свои вопросы, может быть даже прибегали к советам психологов или друзей.

Но жизнь нельзя изменить, следуя чьим-то советам. К ним можно лишь прислушиваться, что-то для себя отмечать, а действовать, как подсказывает интуиция, слушать собственную душу, она не обманет. И искать подсказки в книгах, статьях, может даже в самой жизни.
Но. Обязательно, думать.
Книга разделена на несколько частей, каждая из которых рассматривает одну из сторон жизни. Здесь есть: личные переживания, взаимоотношения, просто мысли обо всем, немного философии, немного мистики)). В ней также есть много вопросов и пустые строки, в которые вы сами можете записать ответы на них или просто свои мысли, ведь это книга-размышление - о себе, о мирозданье, об отношениях с людьми и миром.

Кого-то, возможно, это вовсе не «зацепит», а кому то поможет круто изменить свою жизнь, изменить своими руками.

*Ваша Светлана (Milady-S)*

# Часть 1 Я мыслю, значит, я существую.

## (Самопознание, но не самокопание)

### *Изменить жизнь*

Понимая, что что-то в жизни идет не так, человек задается вопросом «КТО виноват?»

Пытаясь что-то изменить, он думает, а сможет ли?

Решившись на перемены, он ищет путь — куда идти?

Пройдя часть пути, оглядывается назад, а не повернуть ли обратно?

Достигнув половины пути, он думает, а надо ли идти дальше?

Изменив большую часть жизни, он недоумевает, почему он не сделал этого раньше?

Приняв новую жизнь, он понимает, что никогда не вернется обратно...

Что мешает человеку подчас решиться на это нелегкое, но очень необходимое путешествие по пути перемен?

ОН САМ. Со своими страхами, комплексами, со своим неверием в себя и отсутствие осознания того, что все, что происходит в его жизни ЕГО РУК ДЕЛО.... Результат ЕГО ВЫБОРА.... Источник всех своих проблем САМ человек...

*«Наша жизнь это то, что мы о ней думаем....» (Марк Аврелий)*

Человек может сам ответить на все свои вопросы.....

# ВСЕ начинается с любви к себе.

*Надо учиться любить себя — любовью здоровой и святой,
чтобы оставаться верным себе и не терять себя.*

Фридрих Ницше

Наибольшая часть наших неуспехов в жизни связана с нашей нелюбовью к себе. Остальная часть приходится на неумение принимать чужую любовь.

Можно рассуждать о позитивном мышлении, об исполнении желаний, о создании положительной визуализации, положительных эмоций. Ничего не сработает, если просто не любить себя.

Нас с детства учили любить маму и папу, бабушек и дедушек, братьев и сестер, Родину и все человечество в целом. Но никто и никогда не учил любить себя. Скорее даже наоборот, учили жертвовать своими интересами и желаниями во имя интересов и желаний других. И никто никогда не говорил, что любовь к людям начинается с любви к себе.

«Сам погибай, а товарища выручай», «Дружбу водить — так себя не щадить», «Для милого дружка и сережку из ушка», «Больше той любви не бывает, как друг за друга умирает», «Родина - мать, умей за нее постоять», «Ставь общественные интересы выше личных» кто не помнит все эти фразы и пословицы. И вроде бы правильным вещам они все учат, но есть и оборотная сторона медали. Все они учат приносить себя в жертву. А, следовательно, считать себя ниже и малоценнее, по сравнению со всеми, следовательно, не любить себя. А если человек не любит себя, значит, он не желает себе добра, не желает себе лучшего, значит, подсознательно отрицает то, что имеет право рассчитывать на самое лучшее.

Поэтому иногда человек, имея возможность получить в жизни что-то выше того, на что рассчитывает, что подсознательно «может себе позволить», вместо того, чтобы получить это хорошее, все делает для того, чтобы этого не произошло. Он портит и ломает то, что могло бы сделать его жизнь лучше, оправдывая свои поступки чем угодно - долгом, ответственностью, необходимостью, совестью, жалостью к другим людям. А на самом деле он просто всегда готов поступиться своими интересами из-за нелюбви к себе. Потому, что не считает себя достойным лучшего.

Так мы не получаем хорошую работу или должность, любимого человека, не позволяем себе красиво одеваться или иметь дорогую машину или квартиру, съездить в отпуск или просто потратить на себя N-ое количество денег, потому что это сейчас или в принципе, кому-то нужнее.

А если мы не любим себя, разве может нас полюбить кто-то? - Нет. И поэтому трудно принять чужую любовь. Не верим. И постоянно доказываем себе, что это не так. Мы ищем доказательства нелюбви или любви, потому, что не верим, что нас можно любить. А в поисках доказательств рождаются ссоры, подозрения, и чем больше ищем доказательств, тем хуже становятся отношения, и чем хуже становятся отношения, тем меньше мы верим, что нас любят. И желая любви, требуя ее, мы не можем ее принять.

Получается, что все наши успехи в жизни зависят от нашего отношения к себе самому. Не зря же говорят, что путь к успеху лежит через любовь к себе.

Любить себя это значит, прежде всего, принимать себя, верить в себя, уважать себя. И тогда все вокруг будут верить, уважать и принимать, т.е. станут относиться также, вернее, вы позволите им так к себе относиться, примете их любовь.

«Поверь в Себя, полюби Себя, и если ты будешь любить Себя много, ты дашь Себе столько любви, что уже не надо будет тянуть с других и Ты Сам сможешь ее щедро раздавать»

А не приносить себя в жертву.

## Двигайтесь вверх.

*Вставай! Так долго отдыхая,*
*Утратишь силу ты сполна!*
*Ведь не приносит урожая*
*Невспаханная целина!*
Г. Лонгфелло

Жизнь каждого человека предполагает движение. Мы все движемся по жизни с разной скоростью, в разных направлениях. Жизнь у одних – это дорога прямая или извилистая, у других – ступеньки, ведущие вверх или вниз, а у кого-то напоминает холм или косогор, крутой или пологий. Мы все непременно двигаемся, никто не стоит на месте, никто не возвращается назад, только вперед, каждый своим путем. А наше движение – это наше развитие, изменение нас, как личности.

Пока человек развивается – его жизнь это ступеньки, широкие или узкие, высокие или низкие, когда развитие идет стабильно, уверенно, по четко заданному курсу; или это холм крутой или пологий, когда развитие спонтанно, обрывисто, ситуативно, незапланированно.

Если жизнь дорога – значит, развитие остановилось на какой-то его точке и человек движется с одним и тем же багажом знаний, иногда прямо, иногда плутая в собственных дебрях незнания, иногда двигаясь по кругу, не в силах выйти за границы своего развития, просто потому что знаний хватает только для того, чтобы кружить в заданной траектории.

Ну а если жизнь – спуск, значит, развитие не просто остановилось, оно движется вниз, человек деградирует медленно и хаотично или планомерно и пошагово.

Почему так по-разному складываются наши дороги? Ведь все мы начинаем идти одинаково, практически вместе, в ногу? Потому, наверное, что каждый находит свой смысл в жизни. Кто-то выбирает познание, потому что в жизни так много интересного и так мало времени все это узнать. И тогда он идет по ступенькам все выше и выше, постигая одно за другим. А кому-то не хватает терпения и времени, силы воли, собранности и он стремится ввысь по скользкому склону то, поднимаясь, то снова сползая обратно, и снова карабкается вверх…

Кто-то остается доволен своими познаниями, полученными до определенного момента, его устраивает «необходимый минимум» и он предпочитает спокойно двигаться с этим багажом по всей оставшейся жизни.

Под влиянием собственной слабохарактерности, беспечности, каких-то внешних обстоятельств человек иногда катится вниз, личность деградирует, познаний ноль, знания постепенно превращаются в пустоту.

Но есть не только эти три пути. Бывают различные конструкции из ступенек, дорог, склонов и пригорков. Когда люди, которые сначала двигались вверх по ступеням, вдруг начинают тормозить, двигаться по прямой дороге, потом кружить и блуждать по извилистой дороге, а потом начинают медленно спускаться по склону….

Потому что, где-то «заигрались» в какую-то игру жизни («любовь» и «нелюбовь», «жертвенность» и «невезение», «самопожертвование» и «благотворительность», «звездность», «страдание», «преследование» и разные другие), и перестали развиваться, потому что, зациклились на игре, ставшей смыслом жизни, образом жизни, единственной ценностью жизни. И вне этой игры жизнь перестала для них существовать. Игра снова и снова по кругу, чтобы создавалась иллюзия жизни со всеми страстями, чувствами, мыслями…. Одними и теми же, повторяющимися и ценными только для них…..

В то время как жизнь идет…. А развитие - нет. Игра не бесконечна, однажды просто закончатся силы, и, выйдя из игры, человек поймет, как далеко ушли те, с кем он шел когда-то в ногу, догнать попросту не хватит сил…. И вот он, склон горы…..

Это самый обидный вариант развития, потому, что в отличие от тех, кто добровольно выбирает дорогу, здесь дорога лишь следствие «плохой игры» умных людей, которые «не туда» направили свою энергию, свою жизненную силу, свой потенциал. И дорога чаще заканчивается склоном лишь потому, что «человек разумный» сам загоняет себя туда самокопанием, недовольством самим собой, своим бессилием что-либо изменить и неготовностью с этим смириться.

Бывают ли неожиданные подъемы после крутого спуска или извилистой дороги? Конечно, бывают. Ведь подниматься, кружить на месте или спускаться вниз выбирает сам человек. Жизнь каждого человека предполагает движение. Каким оно будет, каждый выбирает сам.

## *Ищите плюсы и живите заново...*

*В том, что достиг дна, есть свои плюсы — дальше падать уже некуда.*
Питер Хег.

До Нового года осталось совсем немного времени. Год заканчивается. Время подводить итоги. Это был год, один из самых трудных в моей жизни. Много было потерь, разочарований, обид. Было ли что-то хорошее, полезное?

Было. Опыт. Бесценный жизненный опыт.

В этом году я поняла, что потери и расставания это не всегда плохо и страшно, иногда полезно и нужно.

С каждой потерей приобретаешь что-то новое. Свободу, время, знания, взгляды, отношения. Ничто не уходит, не принеся что-то взамен. Обязательно происходит замена. И, если посмотреть философски, на все потери, то все заменяется на лучшее, может быть не на равноценное, но на лучшее.

Может быть, зря мы боимся потерь? Боимся и поэтому теряем. А нужно, наверное, просто принимать все как перемены к лучшему.

Конечно, трудно не реагировать, когда тебя предают или бросают, когда остаешься один на один с кучей проблем, когда необдуманный шаг или глупое решение приводят к непоправимой ситуации, с которой приходится жить какое-то время, не в силах ее изменить, когда выхода нет, когда в тупике, в ситуации горя, болезни, отчаяния, когда единственное желание «завыть», когда стресс и депрессия сменяют друг друга несколько раз в день, когда нервный срыв заставляет биться в истерике…. В таком состоянии трудно искать положительные моменты и принимать ситуацию как путь к лучшему.

Но это нужно делать, ведь если не пытаться принять все как есть и не посмотреть на то, какую пользу можно из ситуации вынести, то круговорот неприятностей начинает вертеться все быстрее и быстрее. И *потери, проблемы, отчаяние, злость, разочарование, усталость, обиды, тоска, ненависть объединяются в замкнутый круг, вырваться из которого непросто*. Трудно перестать думать и взращивать в себе эти чувства и состояния, постоянно перемалывая их в голове, находя причины и оправдания, а потом снова обвиняя и обличая.

Но нужно, нужно заставить себя. Вернее, нужно очень захотеть найти положительные моменты в «дерьмовой» ситуации, и нужно заставить себя захотеть это сделать, если уговорить не получается. Почувствовать себя бароном Мюнхгаузеном, вытаскивающим себя «за волосы из болота».)) И когда это получится, положительные моменты найдутся непременно. И тогда можно будет точно понять, что все было не зря.

«Не было бы счастья, да несчастье помогло». Вот эта «народномудрая» точка зрения помогает достойно выйти из любой жизненной передряги. И чаще именно это и есть правильная позиция, *принять ситуацию, а не убиваться, что невозможно ее переломить и изменить.*

Принять, найти плюсы и построить на этих плюсах что-то новое, лучшее и может быть, более нужное.

Мне кажется, я достаточно неплохо освоила эту «науку». Этот год был хорошим «тренажером» по «вычерпыванию» плюсов из «никудышных» ситуаций.)))

# *Желать и терять... нужное...*

Только потеряв, познаешь цену утраченного. Вот уж, действительно, что имеем, не храним.

Человек быстро привыкает ко всему, быстро теряет интерес к тому, что имеет и всегда ему чего-то не хватает. Наверное, так уж устроены люди, иначе жизнь была бы неинтересной, если нечего было бы желать.

Только вот незадача, за всеми этими желаниями иногда стоит простая неразумность. Неразумность в постановке целей, формулирования желаний. Имея необходимое, человек начинает желать большего, имея хорошее, начинает желать лучшего. Только это большее и лучшее далеко не всегда оказывается ТЕМ, ЧТО человеку действительно нужно. И только обретя ЭТО, завладев ЭТИМ и добившись ЭТОГО, человек понимает, что на самом деле ЭТО ему не нужно. Это не ЕГО, не по НЕМУ, не для НЕГО. Вот тут-то он и начинает ценить ТО, от чего ушёл, от чего отказался или что потерял.

Нам всем кажется, что то, что сейчас рядом или то, что в наших руках не самое лучшее, что где-то обязательно есть лучше, что именно оно нам нужно, а не то, что уже есть. Мы все стремимся «ввысь», мечтаем обязательно «взлететь», вместо того, чтобы просто научиться крепко стоять на земле.

У нас говорят, «плох тот солдат, который не мечтает СТАТЬ генералом».... Мечтать-то это конечно хорошо, но не каждый может БЫТЬ генералом, зато кто-то может БЫТЬ замечательным старшиной.....

Но как понять где лучше и как лучше, если только не попробовать потерять.... То, что есть.... И приобретя что-то другое.... Самое главное, чтобы можно было это вернуть, иначе придется всю жизнь жалеть об утраченном....

Нужно мечтать и строить планы, нужно стремиться и добиваться, нужно постигать вершины и устанавливать рекорды, нужно искать лучшего и самого лучшего, нужно.... Главное, чтобы это было действительно нужно......

### *Стремись в заоблачные выси*

*Стремись в заоблачные выси...*
*Спеши, дорога коротка.*
*И ты пришел не на века -*
*на миг расцвета чувств и мысли.*
*И все, что было до тебя*
*Прими, как милостыню нищий.*
*Раздай ту радость, что отыщешь,*
*печали пряча и копя.*
*Поставь себе любой предел,*
*перешагни его... и снова,*
*И пусть в сердцах осядет слово,*
*которое сказать посмел.*

Не позволяй лениться телу,
Уму не должно отдыхать.
И праздность вязкая опять
Вернет к начальному пределу.
Вгрызайся в мелочи и сны,
Ищи частиц элементарных
В природе, в измах элитарных,
Чтоб стали гении ясны.
Не уворуй чужих ключей,
Но постучись в любые двери
Предощущение проверить,
что корень истины - ничей.

Найдя в скелете мирозданья,
Который сам построил ты,
Ячейки черной пустоты,
Разрушь его до основанья.
Как муравей, начни опять
Искать гармонии единой.
Не утешайся половиной,
Где можно целое объять.
Будь у наитий в кабале,
Но поверяй их ритмом чисел.
Стремись в заоблачные выси,
Но стой при этом на земле.

Александр Дольский

## Исправление ошибок.

Некоторые ошибки не приносят особых разочарований, так себе, легкую грусть не более, а некоторые стоят сломанных жизней, испорченных судеб. И не всегда ошибки критичны, не всегда они необратимы. Часто можно все исправить.

Но мы не исправляем их.

Почему? Да потому, что сделав неверный шаг, мы не позволяем себе вернуться к исходной точке. Потому, что считаем, что не должны этого делать, потому, что отмена действия нарушит привычный ход событий.

Мы не отменяем свадьбу, даже если накануне поняли, что это не тот человек, который нужен, потому, что гости приглашены, деньги потрачены, банкет заказан, слово дано, это огорчит избранника, родителей….

Мы не бросаем институт, даже если понимаем, что это не та специальность, к которой лежит душа, потому, что было трудно поступить, потрачено время, огорчит родителей….

Мы не уходим с работы, даже если идем на нее как «на эшафот», потому что нужно где-то работать, не нас надеются, огорчит родителей, мужа или жену, не найдем ничего другого….

Мы не уходим к тому, кого любим и не разводимся с тем, кого больше не любим, потому что детям нужен отец, потому что жаль, потому что пропадет, никого не найдет, что люди скажут, все так живут…..

Мы не останавливаем и не возвращаемся, потому что гордость, потому что так надо, потому, что так лучше, потому, что так нельзя….

И сколько таких ошибок мы совершаем за свою жизнь, и часто можем исправить, но молва и чужое мнение, боязнь обидеть, неловкость ситуации мешают сделать это. Мы думаем о ком-то и не думаем о себе….. И все оставляем, так как есть, надеясь, что все утрясется со временем, все уладится, стерпится – слюбится…

Не стерпится и не слюбится, не утрясется и не наладится…. *Мы будем всю жизнь жить с ощущением того, что все могло быть иначе…. Но мы не исправили, а могли….*

Если ошибку можно исправить – ее нужно исправить…. Чтобы после не жалеть о том, что не случилось…. А могло бы…..

## *Живите в свое удовольствие.*

*Жизнь – прекрасная игра, и ее цель состоит в том, чтобы дать нам шанс испытать и страсть и удовольствие…*

AU

О том, как негативные эмоции влияют на человека, знают, наверное, все. Чем больше негативных эмоций, тем хуже самочувствие. Жизнь в состоянии стресса, ворох неприятностей и болезненные переживания забирают у нас не только минуты, но и целые годы. Поэтому сейчас так популярны различные советы о позитивном мышлении, о позитивном восприятии себя, мира и жизни в целом.

Но ведь мыслить позитивно нужно не только для того, чтобы не мыслить негативно, и избежать неприятного воздействия негатива на себя. Позитивное мышление – это не замена «горькой пилюли» на «сладкую». Нас обучают позитивному мышлению, предлагают сделать позитивное мышление прерогативой своего образа мыслей, но практически никто не учит получать удовольствие от этого мышления.

Можно научиться, с помощью аффирмаций, перестраивать свой поток мыслей, но это будет, похоже, на заученное стихотворение, которое ребенок повторяет каждый раз, когда его просят об этом взрослые: «Расскажи стишок и тете Кате тоже»)) при том, что он уже не думает о том, что он говорит и не получает от этого удовольствия, в сотый раз повторяя заученное….

А позитивное мышление только тогда несет в себе «положительный заряд», когда человеку приятно мыслить ТАК, когда он испытывает «кайф» от этого, а не просто думает ТАК, потому, что так нужно.

Все должно быть в удовольствие, а иначе и быть не должно. Ведь только то, что доставляет удовольствие способно что-то изменить в жизни, думать ТАК, потому что ЭТО приятно. Потому, что ЭТО в радость. А не потому, что если подумаешь НЕ ТАК, то будет плохо. Чувствуете разницу?

Что бы вы ни делали, это должно доставлять удовольствие. Именно это и будет вашим позитивом. ВАШ ПОЗИТИВ то, что доставляет удовольствие ВАМ. А не общепринятые каноны. Живите в СВОЕ удовольствие. Потому, что именно ЭТО удовольствие способно не только исцелять вашу душу, но излечивать и совершенно реальные соматические заболевания. Когда в душе радость болезни отступают.

Немецкие ученые в результате экспериментов доказали, что исполнение мечты способно вылечить самые страшные болезни, в том числе и рак. Вот такое воздействие положительных эмоций на организм.

Ведь мы же знаем, что негативом можно убить себя. А позитивом можно себя исцелить.

Просто в это нужно верить, ведь в негатив верить умеем все…..

## *Без сожаления....*

*Один из законов жизни гласит, что как только закрывается одна дверь,*
*открывается другая.*
*Но вся беда в том, что мы смотрим на запертую дверь*
*и не обращаем внимания на открывшуюся.*
Андре Жид

Сожаления. Обо всем, обо всех, об утраченном и ушедшем. Они долго мучают и бередят душу. Человеку свойственно сожалеть о том, что уходит из его жизни.... Иногда это уход неожиданный, нежеланный, иногда ожидаемый и предполагаемый, но и в том и другом случае наступает сожаление, с легким оттенком грусти или с мучительным изматывающим желанием все вернуть, все поставить на свои места....

А ведь это всего лишь смена жизненного цикла. Если что-то ушло, значит, настало время для чего-то другого, прежнее заканчивается, лишь для того, чтобы освободить дорогу новому, возможно даже лучшему. Так почему же всегда терзает душу сомнение, сожаление, почему так крепко держится человек за то, что изжило себя, перестало быть актуальным. Боязнь изменить свою жизнь? Нежелание разглядеть в новом положении какую-то перспективу, новые возможности? Или неумение разглядеть?

А ведь все так просто — поднимите глаза: в жизни не одна дорога, не одна дверь, в которую можно войти. И если что-то закончилось — обязательно придет на смену что-то другое. Ничего не заканчивается просто так, без повода и без продолжения. Зачем стучаться в закрывшуюся дверь? Когда можно легким движением руки открыть новую.....

***

*Никогда ни о чем не жалейте вдогонку!*
*Если все, что случилось, нельзя изменить,*
*Как записку из прошлого, грусть свою скомкав,*
*С этим прошлым порвите непрочную нить.*

*Никогда не жалейте о том, что случилось,*
*Иль о том, что случится не может уже...*
*Лишь бы озеро вашей души не мутилось,*
*Да надежды, как птицы парили б в душе.*

*Не жалейте своей доброты и участья.*
*Если даже за все вам - усмешка в ответ.*
*Кто-то в гении выбился, кто-то в начальство...*
*Не жалейте, что Вам не досталось ИХ БЕД.*

Андрей Дементьев

## *Откуда берутся силы?*

*Источник силы лежит в сердце.*
Код Гиасс

Течение жизни неумолимо, оно захватывает каждого из нас и несет, повергая то в бурный водоворот, то швыряет на прибрежные камни, то оставляет в покое на поверхности, чтобы вскоре снова подхватить и нести, кружить, бросать, изматывать. Каждый человек, в этом водовороте не больше чем соломинка в бурной реке, но, тем не менее, все пытаются барахтаться, держаться на плаву, сопротивляться. Ведь стоит только расслабиться и поверить спокойному течению, как можно тут же оказаться на дне или просто напросто быть раздавленным бурным течением.

Порой силы покидают и кажется, что больше нет никакой возможности удержаться на плаву, и человек уже готов смириться и принять неизбежное. Но открывается второе дыхание…. И с новыми силами человек бросается в пучину жизни. Откуда берутся силы? Что дает человеку энергию для последующей борьбы со стихией? Какие неведомые источники подпитывают нас энергией? Или ведомые?
Силы появляются, когда есть «зачем жить», т.е. когда есть цель, когда человек одержим своей идеей, когда стремится к чему-то, тогда желание добиться открывает скрытые ресурсы организма. И человек без устали готов идти вперед и вперед. Только идея должна быть своей и

желанной, потому, что движение к цели чужой и не желанной энергию как раз отнимает.

*Силы появляются, когда есть, для «кого жить»,* т.е. когда от вас зависит чья-то жизнь: ребенка, беспомощного человека, животного. Сознание того, что кто-то не сможет выжить без вас, заставляет «подняться» и снова двигаться, преодолевая препятствия.

*Силы придает любовь.* Большое настоящее чувство способно не просто окрылить, но и зарядить неистощимым запасом энергии. В состоянии влюбленности человек готов просто «горы свернуть».

*Силы появляются, когда есть позитивные люди вокруг,* они, как правило, всегда готовы поделиться своим позитивом, а вместе с ним и энергетикой своего мышления. Позитив «зажигает», вдохновляет, придает желание жить.

*Силы придает познание и развитие.* Чем больше человек «растет», тем выше ему хочется «вырасти». И это дает энергию для «роста» и для жизни в целом.

Эти источники энергии неисчерпаемы, главное, чтобы они были. И тогда человек сможет лавировать в реке жизни, не только для того, чтобы удержаться на плаву, а еще и для того, чтобы получить удовольствие от этого «путешествия».

# *Как думаем, так и живем...*

*Мы — то, что мы думаем. Мы строим свой мир из мыслей. ...*

AU

«Бытие определяет сознание». Эти слова К. Маркса из предисловия к «К критике политической экономии» мы все помним из курса философии. Дословно смысл этой фразы что «Не сознание людей определяет их бытие, а, наоборот, их общественное бытие определяет их сознание».

Осмелюсь не согласиться, может быть даже поспорить с Марксом.

Наше сознание определяет нашу жизнь. Мы живем так, как думаем, и наша жизнь то, что мы о ней думаем. Ведь надо признать, что мир мы воспринимаем через призму наших мыслей о нем, через наши о нем представления, наши стереотипы мышления, наши шаблоны восприятия. Т.е. между нами и миром стоит наш разум.

Любое событие является в принципе нейтральным. А для каждого отдельного человека – оно либо плохое, либо хорошее, либо нейтральное, если оно его не касается. Оно принимает эмоциональную окраску, только если мы как-то на него реагируем. А реагирует каждый в силу своих внутренних установок, жизненных принципов, образа восприятия, в силу своего мировоззрения и воспитания. И поэтому одно и то же событие может быть и трагедией и комедией.

*Чтобы увидеть действительную картину происходящего, нужно «выйти за пределы своего ума», т.е. посмотреть на ситуацию с разных точек зрения, без внутренних установок, нейтрально.*

И в зависимости от восприятия событий мы выстраиваем свое поведение, свои отношения, строим свою жизнь. И если мы «увидели» в ситуации то, что «захотели» увидеть, то мысли начинают «обрабатывать» эту ситуацию под нужную форму, «обкатывать». Мысли начинают работать в этом направлении, сопровождаясь эмоциями, переживаниями, и формируется точка зрения.

Например, вы «увидели», т.е. подумали, что вас обманули, предали, мысль начинает работать, сознание выбирает из действительности те моменты, которые подтверждают эту мысль, формируется уверенность с доказательствами – вы действительно видите обман и предательство. Складывается вполне обоснованная точка зрения. И в соответствии с этим выстраивается дальнейший ход событий.

А если подумали, что увидели любовь в чьих-то глазах, расположение…. Или неприязнь, недовольство… Вполне понятно к чему это потом приводит… Додумывание, дорабатывание, достраивание….

То же самое с состояниями как внутренним, так и внешним.

Настроение, самочувствие, уверенность, неуверенность, страх – это всего лишь наши мысли, преобразованные во внутреннее состояние, ощущение себя. Мы - чаще придуманные собой, чем таковые на самом деле.

А внешнее – вокруг-то все в «дерьме», то все в «малине». То, что мы сегодня хотим или готовы видеть. И солнце в один и тот же день для всех светит по-разному, и люди вокруг для одних добрые и внимательные, а для других – злые и гадкие. Как видим, как воспринимаем, так и сами себя ведем по отношению к жизни, к людям. Так и жизнь свою строим, с добрым сердцем, с улыбкой, с благодарностью или с хмурым взглядом, вечным брюзжанием и недовольством.

Вот и получается, что как думаем, так и живем, и сознание определяет бытие.

Так, кто прав, я или К.Маркс? :-)

## Во что мы верим?

Как часто мы обманываемся в своих ожиданиях, наша вера в то, что должно быть так, а не иначе подводит. Почему? Почему мы иногда верим, свято, без тени сомнения, а все происходит с точностью до наоборот? Ведь все вокруг только и говорят, что надо верить, чтобы сложилось, чтобы желания исполнились. Правильно говорят, верить нужно, но верить нужно не в то, что возможно «взлететь в небо» или «пройти пешком по воде», верить нужно в реальные вещи, в то, что действительно возможно.

**А мы чаще верим в иллюзии, в иллюзии собственного сознания.**

Мечтать вредно, нужно желать – желать то, что разумно и реально, а мечты – это иллюзии нашего воображения. А «намечтать» можно что угодно, но это не может сбыться, потому, что сбыться в принципе не может. Мы склонны придумывать себе «нереальные истории», в которые верим сами, причем верим от чистого сердца. Потому что начитавшись и наслушавшись того, что, все возможно, решаем, что действительно, возможно все.
Вера и реальность – это вещи различные, подчас не имеющие ничего общего. Ведь если, например, представить себе дом на Канарах и миллионные счета в банке, то это совсем не значит, что они

обязательно появятся, потому, что такие вещи с неба не падают. И здесь одной верой не обойдешься. По меньшей мере, нужно иметь дело, которое приведет к такому состоянию, или, по крайней мере, недюжинную работоспособность, чтобы все это заработать, а работать нужно очень много, ведь даже чтобы найти свободного мультимиллиардера, нужно немало потрудиться, плюс чтобы его завоевать. А мечтать о состоянии, лежа на диване – можно до скончания века, это так и будет мечтой, иллюзией. И верить можно сколько угодно.

Мы часто верим в беспроигрышность чего-либо, совершенно не учитывая реальные обстоятельства, думаем, что как-нибудь сложится и устроится, надеемся на чудо, что произойдет что-то или нечто, что поможет преодолеть объективные преграды и препятствия. Не произойдет, если нет объективных оснований и предпосылок – не произойдет. То, что объективно работать не может – по вашему желанию не заработает. Как бы сильно вы в это не верили.

Мы часто верим, что объективные предпосылки можно создать искусственно. Что все сложится само собой, если мы создадим определенную ситуацию, которая уже когда-то была, и приносила какой-то определенный результат. Например, повторим какой-то праздник, свидание, загородную поездку, вернем прежнее место работы, прежнего возлюбленного. Организовывая все в точности с прошлой ситуацией – получаем совершенно другой результат, неожиданный. Ведь нельзя предугадать исход любой ситуации, ничего нельзя повторить из прошлого опыта, повторения не бывает. Вмешиваются обстоятельства, люди. Каждая ситуация неповторима, каждое время единственное. «В одну реку дважды не войдешь». А ведь мы верили. Мы верили в то, что придумали, а не в то, что реально. И наша вера мешала посмотреть на ситуацию адекватно. Мы жили прошлым, переживали прошлое, а переживать нужно было текущий момент, и строить все здесь и сейчас, сообразно с настоящей ситуацией.

Нельзя повторить чувства, нельзя предугадать поведение других людей нельзя «подвести» это под свои мечты. Иногда мы рисуем в воображении картинку счастливой жизни с человеком, не учитывая его представления о счастье. А у него в голове - другая картинка. Что ж потом удивляться, что счастье не получилось - картинки не совпали. А мы опять верили, что все должно получиться. *Наша вера – не наша реальность*. Потому, что верим мы в соответствии с собственным сознанием, со своим восприятием жизни, со своими желаниями. Но ведь желать-то мы можем только за себя, а никак не за других. У них - свои желания. И своя вера.

*Мы верим в то, что хотим верить*, подчас не слыша ни внутреннего голоса, который убеждает прислушаться к обстоятельствам, ни мнения окружающих, тем более, ни самих обстоятельств. Пытаемся создать чудо, думаем, что наша вера сможет изменить мир, а она иногда не может изменить даже нас самих. Ведь лучше бы мы доверяли разуму, логике и реальности, а не иллюзиям нашего воображения.

## *О справедливости.*

*В нашей жизни любая справедливость — относительна*
Виктор Лихачев.

Мы часто говорим о справедливости. Боремся за нее. Пытаемся восстановить справедливость в любой ситуации – в очереди, в личных отношениях, в коллективе, в мировых масштабах. Все должно быть по справедливости, все поровну, по заслугам, по порядку, по полочкам, по закону…. А часто ли она бывает эта самая справедливость, и вообще существует ли справедливость в принципе?

Кажется, что чаще всего наоборот, что-то получают те, кто не заслуживает, поровну практически никогда не бывает, лучший кусок отхватывает кто понаглее, «кто смел – тот и съел», кто заслуживает наказания – почти всегда его не получает, зато все «шишки» валятся на голову тому, кто кажется достоин самого лучшего. Значит, справедливости нет?

На этот вопрос можно ответить, если сначала ответить на вопрос, о том, как определить то, ЧТО КОМУ и ПО КАКИМ ЗАСЛУГАМ полагается? И ГДЕ ТЕ КАНОНЫ, ПО КОТОРЫМ ЗАСЛУГИ ОЦЕНИВАЮТСЯ? Что для одного хорошо, то для другого может быть плохо. Как оценить, кто из них достоин лучшего, а кто худшего? Каждый сам для себя определяет оценки поступков своих и чужих. И эти оценки могут просто не совпадать. Так чья справедливость справедливее? Кто достоин наград, а кто наказаний?

Вопрос остается открытым. Справедливость – это то, как каждый считает в каждой конкретной ситуации, в соответствии со своими взглядами и внутренними установками, и если кто-то считает, что с ним обошлись несправедливо, то кто-то другой может считать это вполне справедливым. Поэтому, прежде чем взывать к справедливости, стоит подумать, а все ли считают справедливым именно такой расклад, а может быть это только субъективная точка зрения?

## Жизнь там, где непокой...

— Что не так?
— Жизнь...
из фильма «Город Хищниц»

Жизнь по своей структуре нестабильна. Один период сменяется другим, время побед сменяется эпохой поражений, безудержная радость уходит, уступая место стылой печали, на смену любви приходит разочарование.

Не думаю, что кто-то живет всегда ровно, стабильно, одинаково. Ведь если все спокойно и предсказуемо, мы подсознательно начинаем искать то, что наполнит жизнь эмоциями. Человек не может жить без эмоций, без радости, без полета. Поэтому потратив какое-то количество времени на жизнь стабильную, спокойную и предсказуемую, человек начинает ощущать эмоциональный голод, жизнь ему кажется пресной и серой. Все в жизни - одинаково, не интересно, обыденно.

И, пытаясь справиться с наскучившей картинкой, человек с головой окунается в то, что не похоже на его «серые будни». Это может быть новая работа, новые отношения, новые увлечения. Все что необычно, непонятно и что дает новый всплеск эмоций, все, что изменяет мир в глазах человека, теперь кажется единственно важным и нужным. Потому что это дает ощущение жизни, это новый ритм, новое восприятие себя в этом мире. Потому что «ошеломляет», это шквал эмоций после покоя и бездействия. Человек начинает чувствовать себя живым. И чем дольше длится «серый» период, тем сильнее может быть встряска при переходе к другому, яркому.

Обычно, характеризуя людей, находящихся в таком переходе, говорят: он, будто сошел с ума, будто бес в него вселился, он стал неузнаваем. А человек просто зачерпнул «полную поварешку эмоций», так не хватающих ему все годы. В такие периоды люди уходят из семьи, кардинально меняют работу. Они идут за источником этих эмоций, за тем, кто взбудоражил кровь и заставил захотеть жить. Удержать их в такой момент нелегко. Потому, что серость теперь удержать не может. Ему нужно гореть, светить, пылать…. Всегда….

Но этот период тоже не постоянен. Ведь человеческие силы не безграничны. Бешеный ритм, постоянный выплеск эмоций рано или поздно приводят к истощению как нервному, так и физическому. Человек устает. Новая работа, с вечной гонкой, новые отношения, построенные на чувствах, давая эмоциональное разнообразие, требуют большой самоотдачи, и человек начинает уставать, выдыхаться. Какое-то время живет на пределе. А потом вспоминает о сером спокойствии, о предсказуемости и стабильности…. И он решает уйти…..

Назад, к прежней жизни, где нет шума, где нет страстей, ритма и суеты. Ему все надоело, он устал, у него нет сил….. и он уходит….. и снова радость от того, что все закончилось, что снова будет все как прежде, что ничего уже не нужно и не хочется….. какое счастье….. все на своих местах, а то, что произошло, было лишь приключением, ошибкой, не нужной блажью….

И только лишь вернувшись в тишину и покой и «закрыв за собой дверь», ощутив прежний запах «заплесневелой стабильности», человек понимает, что он «УМЕР»…..

Нет больше суеты и хлопот, нет ритма и непосильных обязанностей, нет ссор и раздоров, слез и обиды, нет страстей и эмоций, нет тех людей, кто был рядом, кто был нужен ему, кому был нужен он, нет собственной нужности и значимости, нет необходимости идти и добиваться, доказывать, любить и дарить любовь, жалеть, желать, надеяться, злиться и радоваться, разочаровываться и восхищаться….. все это было нераздельно….. И все это ушло…. Осталась ПУСТОТА…. Которую постепенно заполнят серые будни…. Все будет просто, спокойно и обычно…. И тогда человек понимает, что именно это и была жизнь…. Кипучая, тяжелая, сумасшедшая, надоевшая, но такая интересная…. Потому, что ЖИВАЯ…. И начинает понимать что всего этого не хватает и жаль….

**И никогда он уже не сможет жить в своем прежнем мире так как прежде**, даже если он останется там навсегда, он вечно будет вспоминать тот «сумасшедший мир», где было главное – он ЖИЛ, он ощущал себя ВАЖНЫМ и НУЖНЫМ, он что-то ДЕЛАЛ и ХОТЕЛ, и ЖИЗНЬ БУРЛИЛА , и у него был шанс там ОСТАТЬСЯ….

*И стонет душа, разрываясь на части,*
*Ища то покой, то бушующей страсти.*
*Кто знает, что ждет еще впереди?!*
*Не бойся сметания, борись и иди!*
*И пусть будет трудно на этом пути*
*Ты жажду познанья в себе разбуди.*
*Иди, презирая невзгоды и боль,*
*Играя, судьбой отведенную роль. ...*

Автор неизвестен (AU)

## Доброе ли добро?

Невозможно с этим не согласиться. Хотя чаще всего добрым считается тот, кто делает добро.

Ведь так и говорят, что он очень добр, потому что столько добра делает.

Приходилось встречать таких людей. Они живут тем, что делают добро, даже в ущерб себе, и безумно гордятся этим. И смысл жизни у них заключается в том, что они целенаправленно делают добро.

Интересно то, что когда говоришь человеку, что он, дескать, всегда готов прийти на помощь, не считаясь с собой, со своим временем и силами, он делает страдельческо-самодовольное выражение лица и обреченно так, со вздохом, заявляет: «Ну, вот такой уж я человек». И видно даже, как льстят ему эти слова, как безумно человек гордится собой таким добрым, хорошим, всегда готовым на собственные лишения ради чужого блага.

И не верится как-то, таким героям «без страха и упрека». Ну не верится, и все тут. Нельзя целенаправленно совершать благие поступки ради того, чтобы гордиться собой. Ведь если копнешь поглубже, то оказывается, что такой «благо-деятель» не всегда даже интересуется, даже скажем, чаще совсем не интересуется тем, нужна ли его помощь тому, кому он помогает. Он сам решает, что нужна и все.

А если его помощь не принимается с ожидаемым восторгом и умилением, если его не начинают благодарить и восхищаться им, то «герой благодеяний» скисает и ретируется. А также теряет интерес к тому, кого только что собирался облагодетельствовать. Отказ от помощи воспринимает как личное оскорбление. Конечно, ему же не дали «поплескаться» в пучине восторга как того, кому он помогает, так и своего собственного. Не дали «погордиться» собой.

Вы думаете, что такие добряки совершенно безопасны? Ничего подобного, как только вы перестаете быть «источником лучей его славы», он сильно разочаровывается в вас, и начинает вести себя совсем противоположно своему «доброму имиджу». Тут и до злобы, насмешек недалеко, а то и до мести….

Вот такое оно добро…. Для собственного самоутверждения.

А есть люди, которые особо не выпячиваются своими добрыми делами и самозабвенной помощью всем и каждому, не бросаются на выручку по первому зову, делают только то, что в их силах. Помогают, как бы «между делом», как тот «плечистый и крепкий» из доброй детской книжки. Без ожидания благодарностей.

Да и не благодарит их, чаще всего, никто, не успевают.

Добро на ходу, добро как порыв. Сиюминутный порыв души.

А в остальное время это просто люди, не делающие зла. Добротворцами их не назовешь, но и зла они не делают. Никогда и никому.

Так какое же добро есть добро?

## Слабость - это выбор.

*Сильные поступают так, как хотят,*
*а слабые страдают так, как и должны.*
Фукидид

«Тебе хорошо, ты сильная, а вот я…». Такая фраза у меня всегда вызывала некоторое недоумение. Разве существует такое понятие сильный, слабый. Ведь речь здесь идет не о физической силе, которая определяется нашими физиологическими особенностями. Речь идет о силе духа. А здесь, я уверена, каждый человек может быть настолько сильным, насколько сам посчитает необходимым. И признавать свою слабость может только человек хитрый, который желает спрятаться за «слабость», чтобы не отвечать за свои поступки. Ведь проще всего сказать «Я не могу». И снять с себя всю ответственность.

Разве это слабость? Нет, это хитрость, это лень, ведь чтобы принимать решения, прилагать усилия, нужно это делать. А так – отстранился и улыбаешься себе в душе. Слаб – и никакого спроса.

Сильными не рождаются. Сильными становятся. Когда не прячутся за чужие спины, когда берут на себя ответственность за свою жизнь, а иногда и за жизнь своих детей, близких. Сильными становятся, когда живут, а не катятся по жизни на волне или на роликах, легко, без напряга. Силу придает желание думать и осмысливать происходящее, осознавать поступки свои и чужие, делать выводы. Силу придает осмысленное существование, осмысленная жизнь. Я мыслю – значит, я живу, я существую. Я живу, значит, я сильный человек. Слаб только тот, кто слабостью доволен, кто сильным быть не хочет.

Нет сил – такого понятия не существует. Есть жизнь, есть действия, есть поступки, сложности, проблемы – значит, есть силы все это пройти и преодолеть. «Бог не по силам испытаний не дает». Все, что есть в нашей жизни – со всем мы можем справиться, если хотим. И когда говорят «я слабый», «не могу» – это означает «не хочу».

*Потому что сила духа, это, прежде всего, сила мысли.* А сила мысли - она безгранична, и зависит только лишь от вашего желания и готовности что-то делать: сконцентрироваться, осознать реальность, выстроить суждение, принять решение и его выполнить.

Слабым быть выгодно, хлопот меньше, а сильным – интересно, потому что только сильный - рулевой в своей жизни, а слабый – в собственной жизни пассажир.

# Как капля из моря.

*Лицом к лицу лица не увидать,*
*Большое видится на расстоянии......*

Не знаю кто, но кто-то очень умный сказал, что для того чтобы справиться с проблемой, нужно отодвинуться и посмотреть на нее со стороны, а еще лучше и с другой стороны тоже. Ведь часто, копошась внутри проблемы, трудно найти пути ее решения. Все кажется трудным, не решаемым, критичным, жизненно важным.... Понятно, что очень трудно сказать себе «стоп, отодвинься и посмотри со стороны»....

Все советы: отвлекись, займись чем-нибудь, сходи куда-нибудь, пообщайся с кем-нибудь, переключись – воспринимаются как «личное оскорбление». Как можно в такой момент думать о чем-то еще, когда все мысли только об этом. Без этого рухнет мир, разверзнутся небеса, вселенная перестанет существовать.

Такая «зацикленность» на проблеме иногда не позволяет понять ее суть или то, что нет сути, что проблема иногда «выеденного яйца не стоит», что не существует у нее какой-то критической точки. Что все это у нас в голове. А мир вокруг существует, и будет существовать сам по себе, решится эта проблема или нет, а может это и не проблема вовсе, а плод нашего воображения.

Как важно в этот момент «излить душу», выговориться, выплеснуть бушующие эмоции, быть выслушанными. И часто даже не важно, подскажут что-то или нет, посочувствуют или просто вежливо покивают головой, а потом покрутят пальцем у виска. Важно не оставаться один на один с проблемой, с тем, что гнетет и мучает, что взращивает невроз и медленно убивает.

Ведь чаще в такие моменты человек не может анализировать и рассуждать адекватно, проблема видится только с одной стороны, а эта сторона чаще темная, чем светлая. Это напоминает бег по кругу или аттракцион «мотоцикл в бочке», скорость нарастает, мотоцикл грохочет и мчится, то поднимаясь выше, то опускаясь, но все равно остается в бочке. В бочке сомнений, обид, гнева, разочарований.

*А чтобы выбраться нужно для начала сбавить скорость и остановиться*. А потом уже оценить ситуацию (осмотреть бочку со всех сторон) и принять решение (как выбираться). Остановиться можно, только начав говорить о проблеме. Не прокручивать ее в голове, а говорить. Много и по-разному, и с разными людьми. И слушать, что говорят, пытаться услышать их (хоть это трудно сначала).

И начинать смотреть вокруг, чтобы понять, что жизнь - не только эта проблема, но это и много-много чего еще, разного, интересного, волнующего. Нужно пытаться увидеть что вокруг – огромное море чувств, эмоций, радостей, счастья, побед, любви. И может быть тогда та «великая проблема всей жизни» покажется всего лишь капелькой из этого моря, маленькой капелькой, повисшей на ресницах, готовой вот-вот сорваться и разбиться о землю, и не стоящей того, чтобы на нее тратили такую прекрасную жизнь….

## Право на ошибку.

*Знаешь, почему у карандаша есть ластик?*
*Потому что каждый имеет право на ошибку. ...*
AU

Мы все совершаем ошибки. Человек не может всегда четко и правильно осознавать, что лучше, что ему нужно, как поступить. От ошибок не застрахован никто. Другое дело, что все по-разному реагируют на ошибки, по-разному их воспринимают.

Особенно на чужие ошибки. Если со своими мы можем как-то мириться и оправдывать их, то чужие ошибки прощать не умеем. Если кто-то оступился, сделал не правильно, его действия повлекли за собой неприятности для него и для нас, мы чаще всего «рубим с плеча», осуждаем, виним, прогоняем человека из своей жизни, и не пытаемся понять, почему он так поступил. Ведь может быть, его действия были оправданы чем-то на тот момент, он просто не мог поступить иначе. Ну, или не хотел, но ведь и для этого, наверное, были причины. Не бывает поступка без причины, без мотива.

**Каждый поступок имеет мотив, может иногда скрытый и непонятный даже самому человеку, совершающему этот поступок.** Ведь многие ошибки совершаются импульсивно, в состоянии эмоционального всплеска, когда «мозг просто отдыхает», а человеком руководят чувства. Мы можем что-то сделать со зла (сиюминутного, ничем не оправданного), от страсти, со страха, от обиды, от отчаяния. А потом, придя в состояние равновесия, линчевать себя за необдуманность, за несдержанность, за неразумность.

Потом становится понятно, что так поступать было не нужно, мозг «спал», а чувства бушевали. А они как раз не лучший советник. Но каяться поздно, все уже сделано. И может результат получился не тот, который ожидался, но тоже результат – отрицательный. Всего лишь отрицательный результат. Не трагедия. И воспринимать ошибки как трагедию – значит продолжать изводить себя необдуманным поступком, направленным теперь уже против себя. И это вместо того, чтобы исправить ошибку.

Если получен отрицательный результат, нужно подумать, как получить положительный. А для этого проанализировать свои действия и сделать по-другому. А тут проблема уже в том, что не всегда можно исправить ошибку, именно из-за того, что другие не дают нам шанса это сделать. Ведь после нашей ошибки мы уже осуждены и обвинены, и выгнаны. Никто не попытался понять причин. Просто поставили клеймо «Безнадежен» и все, и «выстроили стену».

Вот так и обрастаем мы стенами непонимания, непрощения, немилости. И натыкаясь на эти стены, мы снова приходим в состояние эмоционального взрыва, и снова гнев, и снова обида, и снова отчаяние. И снова ошибки в порыве чувств, все новые и новые. И стены уже становятся просто непробиваемыми. А ведь нужно было просто попытаться понять причину, попытаться за поступком увидеть человека и дать ему шанс. Всего лишь шанс исправить ошибку.

## ТЫ не вини, а повинись....

*Сильный ищет вину в себе - слабый в обстоятельствах.*

Нейах

Мы обвиняем всех в своих бедах, но только не себя. Себя всегда оправдываем и жалеем.

(цитата из жизни...)

....«Комок подступает к горлу, слезы душат, обида распирает грудь. Кажется, весь мир отвернулся, все смотрят холодно и отчужденно, на призывы о помощи и к сочувствию, молча, отводят глаза. Муж ушел, любимый повернулся спиной и с каждым днем "утекает как песок сквозь пальцы", подруги встали на его сторону, никакой "женской солидарности", даже мама только вздыхает и бормочет что-то о том, что она предупреждала.

Никто не понимает, никто не хочет поддержать посочувствовать, какие они все….. Предатели….»....

СТОП!!! А может быть не стоит обвинять весь мир, а стоит задуматься, ПОЧЕМУ ОНИ ТАК ПОСТУПИЛИ?

Не может быть плох весь мир, не могут все однозначно быть едины в своем заблуждении. Не могут все одновременно стать плохими, ведь все они совсем недавно были хорошими.

Ты знаешь их много лет. Они любили и поддерживали тебя ВСЕГДА. Может быть, дело не в них? Может быть дело в ТЕБЕ? Может быть, ТЫ виновата сама в своих несчастиях?

*Не спеши клеймить всех родных и близких тебе людей, по крайней мере,* близких до последнего времени. Если ВСЕ отвернулись одновременно, значит, что-то ТЫ делаешь НЕ ТАК. Значит, ТЫ дошла до критической точки в своих поступках, ведь сразу не отворачиваются. Значит, предел терпения настал. Значит, ТЫ слишком далеко зашла в своих «играх», в своей лжи, своем равнодушии.

Вспомни, ведь тебе говорили, тебя предупреждали, что ТЫ поступаешь скверно. Тебя просили одуматься.

Но ТЫ не хотела слушать. ТЫ не приняла их советы и не услышала их слова.

ТЫ долгое время никого не слышала. И поэтому люди перестали слышать и понимать ТЕБЯ, перестали ТЕБЯ поддерживать и сочувствовать, потому, что ТЫ слышишь только СЕБЯ, понимаешь только СЕБЯ, считаешь, что ТЕБЕ все позволено, что можешь поступать только как хочешь ТЫ, как нужно только ТЕБЕ, не считаясь ни с кем.

ТЫ не думала ни о ком, только о СЕБЕ, и поэтому теперь никто не хочет думать о ТЕБЕ.

Поэтому ТЫ осталась ОДНА, ОДНА среди людей. Это твой урок. Сделай выводы!

# Жертвы обстоятельств... или ...

*Ждать и надеяться — верный способ скоропостижно рехнуться.*

Макс Фрай

Как легко прикрываясь обстоятельствами, другими людьми, какими угодно поводами и причинами, снять с себя ответственность за свою жизнь и тяжело вздохнув, почувствовать себя жертвой. И другим дать это почувствовать, чтоб жалели, гладили, сочувствовали. А самому при этом хитро в душе усмехаться, как удалось всех провести, все сложить так, чтоб ни за что не отвечать, оставаться притом, если не в выигрыше, то не в проигрыше точно. Так, дескать, сложились обстоятельства, я старался, а они против. Что только ни делал.

А что конкретно было сделано? Вот этот вопрос, конечно, поставит в тупик. Как всем знакомо думаю это состояние, когда решение принимать не хочется, чтобы не быть виноватым, и тогда мы приступаем к бездействию, оправдывая каждое ничегонеделанье чем угодно, любыми отговорками. И выглядит иногда очень даже правдоподобно. Не смог, не получилось, не сложилось, не срослось. За редким исключением эти слова — отговорки говорят о том, что не больно-то и хотелось, и чаще это всего лишь видимость поступков.

Не сделали, не сходили, перенесли, отложили, не сказали, промолчали, согласились, ушли от ответа, приняли, смирились — и вот результат — что только ни делали. В том-то и дело что НЕ ДЕЛАЛИ. Уход от твердого принятия решения и поступка приводит как раз к тому, что обстоятельства складываются так, как мы их складываем подсознательно. Типа пусть само решится. А я подожду.

Это не по-детски даже, дети как раз в своих поступках более решительны, они делают, пусть не всегда правильно и обдуманно. А тут некая невзрослость, незрелость, инфантильность.

*Само ничего не решается. Если не решаем мы – решают за нас.* Те, кто рядом, кого этот вопрос или дело касается, затрагивает, кто он него зависит. Решают, а мы это решение проглатываем, готовое, со щенячьей покорностью, и жертвенным чувством в душе. И продолжаем, потом жить и сожалеть, что вот если бы, тогда так не получилось, если бы сложилось по-другому.

А кто ж мешал сложить это по-другому. Сами, сами и только сами.

*Уход от проблемы – не избавляет от нее, проблема все равно будет решена вами или за вас.* А вам придется просто смириться с тем, что из этого получилось. И никого не винить.

## В тупике. Почему?

*Выхода нет, но есть переход на другую линию!*

Сергей МЫРДИН

Вы когда-нибудь приходили в тупик? Двигались, двигались, шли по дороге с улыбкой, наслаждаясь солнцем, срывая цветы, в душе звучала музыка…. Казалось, что все идет правильно и в нужном направлении….. И вдруг раз - и поперек дороги стена…. Тупик….. и нет ничего…. Все….. Дорога закончилась…. Неожиданно, резко и бесповоротно…. После стольких усилий и долгих лет движения, веры, надежды….

Какие ощущения? Разочарование? Бессилие? Апатия? Гнев? Ярость? Раздражение?

Наверное, каждый воспринимает это по-своему, кто-то бросится с воплями и рыданиями на стену, колотя по ней кулаками, кто-то, молча, опустится перед стеной на колени, в бессилии склонив голову, кто-то начнет метаться назад и вперед, в бессмысленных поисках выхода, кто-то спокойно и размеренно будет оглядываться по сторонам, пытаясь понять, куда идти дальше.

Куда можно двигаться из тупика? Разве что к отправной точке. И все с нуля, все сначала, не теряя самообладания и веры в успех. Лишь бы сил хватило, лишь бы оптимизм не растерялся по дороге. Но уж не злиться и не биться в истерике, не метаться и не раскисать, а думать, думать и делать выводы для себя.

Таких тупиков в жизни может быть много или не быть вообще. Хотя, наверное, они встречаются в жизни каждому, когда направление выбрано неправильно. И, наверное, такие тупики создаем мы сами, упорно двигаясь туда, куда по всем признакам и подсказкам интуиции, окружающих людей, просто здравого смысла, двигаться, не стоило бы. Но, проявляя упорство и настойчивость, мы загоняем себя в тупик. Кого винить? Обстоятельства? Что не сложились, так как хотелось бы или себя, "слепого и глухого", но ужасно самонадеянного и упрямого?

## *По заслугам каждому...*

*Каждый заслуживает, то, что имеет.*

Би Дорси Орли.

Каждый получает то, что заслуживает.

Знакомая фраза.

И бесспорно правильная.

Если человек не делает выводов из серьезной науки под названием «жизнь», если упорно идет напролом, не переставая совершать новые и новые ошибки, продолжает «жить по шаблону», с завидным упорством «наступает на одни и те же грабли», предполагая, наверное, что однажды наконец-то закон граблей не сработает, то судьба, в конце концов «опускает руки».

И оставляет человека с тем, чего он так упорно хотел, с его ошибками, с его «выбором». По крайней мере «в этой жизни». Возможно, потом она еще раз заставит «осознать свои ошибки». И принять правильное решение.

А сейчас она дает человеку возможность всласть насладиться своим положением. Если человек не хочет учиться – значит, он дурак. А если хочешь в чем-то убедить дурака, позволь ему поступить по-своему.

Только так возможно воздействовать на тех, кто упрямо не хочет менять свое мнение, свой взгляд на жизнь. Это урок для упрямцев и непробиваемых. Иногда это срабатывает лучше, чем любое убеждение.

Как все-таки мудра жизнь.

И поэтому каждый получает то, что заслуживает....

## Судьба - данность или выбор?

*Жизнь состоит из перекрестков с односторонним движением...*
*В какую сторону ты двигаешься, в какую сторону смотришь,*
*в ту сторону и идет жизнь ... от перекрестка к перекрестку...*
*И только поворот назад останавливает это движение...*

Сева Mac-Tire

Если судьба, то вы будете вместе. Если судьба, то ты найдешь хорошую работу. Если судьба, то у тебя все получится. Если судьба, то.....

Судьба.

### А что же такое судьба?

Когда произносят эти фразы, то создается впечатление, что судьба – это некое клише, заготовленное на каждого. Пришел человек в мир, шлеп – на - тебе судьбу. Вот твой «рисунок», твоя заготовка, живи согласно нанесенному «орнаменту». И что бы ты ни делал, как бы ни бился, все будет так как «напечатано», как судьбой положено. И ничего нельзя изменить.

Вот кто только все эти заготовки придумывает?

Эта теория, конечно, имеет место быть…. Но мне лично она не по душе. Выходит мы пешки в чьей-то игре? Безмозглые пешки, которые кто-то там расставляет и двигает, так как хочет. Это теория для слабых и тех, кто не хочет брать на себя ответственность за все, что происходит в жизни.

*По-моему, судьба – это перекресток.*

Помните, как в сказке: направо пойдешь – счастлив будешь, налево пойдешь – все потеряешь, прямо пойдешь – философом станешь.

*Судьба в том и состоит, чтобы давать человеку шансы и выбор.* Ведь никогда ничего не дается в одном единственном варианте. Любой поворотный момент в жизни предлагает выбор: быть или не быть, брать или не брать, менять или не менять, стать или не стать. Всегда приходится думать и выбирать, как поступить, что предпринять, какое решение предпочесть.

Всю жизнь мы идем по пути со множеством перекрестков. Выбирая куда свернуть, мы тем самым строим свою судьбу, САМИ, делая выбор и используя или не используя предложенные шансы. Замешкаешься на одном из них, промедлишь, спасуешь, свернешь не туда, вот и пошла жизнь наперекосяк…. И винить-то некого, сам выбирал….

Вы никогда не думали, что если бы вы выбрали другой путь, все было бы по-другому. ВСЕ. Совершенно другая жизнь, другая судьба. Жаль, что этого не проверишь, нельзя вернуться в прошлое и переделать.

Конечно, трудно сделать правильный выбор, если б можно было чуть дальше перекрестка заглянуть. Ведь не всегда в момент выбора четко знаешь, что нужно и что будет лучше, не хватает опыта, здравого ума, мешают эмоции, амбиции, страх, предубеждения….

Иногда мешают чужие выборы, ведь не одни мы в целом мире, рядом другие люди, которые тоже выбирают и своим выбором вмешиваются в наш выбор, в нашу жизнь. Это наши родные, близкие, просто знакомые.

И поэтому получаем иногда совсем не ту судьбу, о которой мечтаем. Но винить обстоятельства, что они не так сложились – неправильно. Мы сами складываем их так, делая выбор, сами или с чьей-то помощью.

Поэтому, стоя на очередном перекрестке, решая быть или не быть, думайте, что сейчас вы делаете свою судьбу. От выбора зависит, по какому пути вы пойдете дальше по жизни

## Научиться прощать

*Понять, простить, принять*
*— вот, любящего сердца порывы и стремленья*
*. простить единожды и навсегда прогнать,*
*коли предательство, с синдромом повторенья…*
TamaraToma

Бывает так, что неприятное событие вроде бы давным-давно прошло, страсти утихли, обида угасла, новые впечатления и дела заслонили собой минувшее, все реже и реже в памяти стали всплывать неприятные моменты, все реже и реже вообще думается об этом, как вдруг какой-то пустяшный, совершенно ничтожный случай, или символ, или мотивчик или еще что-то совсем отдаленное всколыхивает в душе целую бурю эмоций, вытаскивая на поверхность то, что казалось совсем забытым и не трогающим….

И снова щемит сердце, и снова рвется наружу обида, снова в голову лезут «дурные мысли», и «мельница» снова начинает работать, «перемалывая» то, что уже «перемалывалось» тысячу раз. Зачем? Почему? Ведь, кажется, что все утихло, ушло. Почему снова и снова приходится возвращаться к событиям не только годичной, но и подчас 10-20 летней давности. Почему воспоминания продолжают бередить душу? Причем именно те, которые больше всего хочется забыть.

Наверное, потому, что *где-то там далеко осталась некая недосказанность*. С обстоятельствами смирились, но не согласились. Обида «задавлена», но не пережита, обидчик забыт, но не прощен. Беспочвенная надежда, сожаления сокрыты где-то в укромном уголочке души. И всю жизнь эти обиды, надежды, разочарования нет-нет, да и всплывают, будто неприятный осадок, всколыхнутый каким-то неосторожным прикосновением.

Я думаю, это происходит буквально с каждым человеком. Мало кто умеет освобождаться от неприятных воспоминаний, отпускать несбывшиеся мечты, переживать полностью обиды, мало кто умеет на самом деле прощать. Все, что хочется забыть, недостаточно просто засыпать «песком своей памяти», заглушить новыми впечатлениями и новыми событиями, это нужно, действительно, ПЕРЕЖИТЬ, согласиться с ЭТИМ (не для всех, а для себя). Мы часто лжем всем, что забыли, даже себе подчас….

Так нужно согласиться и не давать надежду, (себе), нужно отпустить и не хранить ожидание, нужно простить обидчика (на самом деле, от чистого сердца) и не таить обиду глубоко-глубоко, отпустить человека, ситуацию, обиду….

Ведь обманывая других, что все прошло и забыто, мы не можем обмануть себя, свою память, ведь если какие-то совершенно незначимые вещи, символы могут всколыхнуть прежнюю бурю эмоций, которая по-прежнему не дает покоя – значит не прошло, не забыто, не пережито….
И хуже от этого обмана только себе самому, ведь не прощая, не пережив, не отпустив…. живем всю жизнь с тяжестью в сердце, с камнем за пазухой, который необычайно тяжел и по сути совсем не нужен….

Зачем же мы несем этот камень всю жизнь? Не проще ли от него освободиться, искренне простив обиды и обидчиков, и пожелав добра всему тому, что было: хорошему – за счастье, плохому – за опыт.

## *Ты лжешь…*

Иногда мы боимся обвинить человека во лжи, боясь ошибиться. Вроде бы и видно, что лжет человек, но сказать ему об этом трудно, а вдруг показалось, вдруг это не так.

Кто смотрел сериал «Обмани меня», тот, наверное, знает, что существуют определенные признаки, позволяющие распознать ложь. *Если возникли подозрения, что вам говорят неправду – смотрите в глаза. Глаза не лгут.* Только очень «большая натренированность» может позволить глазам не выдать истины. Но эта «натренированность» крайне редко встречается.

Поэтому ошибки практически исключены. Говорящий неправду редко смотрит прямо в глаза, а если и смотрит, то по едва уловимым движениям глаз можно заметить, что человек вас обманывает: движения зрачков, легкий прищур, моргание и бегание глаз.

Из практики НЛП можно отметить, что если человек при разговоре с вами переводит взгляд вправо вверх, значит, человек придумывает ответ, а если влево вверх – вспоминает. Следовательно – взгляд вправо – ложь.

Хороший признак определения лжи - тон разговора. Если человек резко переходит на крик, значит, вы попали «в точку» и он пытается с помощью крика спрятать «свою неправду», отвести от себя подозрение, заставить вас сомневаться, вызвать чувство вины у вас за его «неправильное уличение» во лжи. Ведь, как известно нападение – лучшая защита.

Молчание тоже может о многом рассказать. Если человек «замалчивает» ответ, это однозначно говорит о том, что он не хочет ответить, так как вы ожидаете, потому что тогда это будет ложь. Любой уход от прямого ответа говорит лишь о том, что человек не хочет вам лгать, а правду сказать будет слишком больно.

Если кто-то сильно акцентирует внимание, на чем бы то ни было, это может означать, лишь одно – на самом деле все совсем не так. Это всего лишь гипербола, желаемое, но не действительное.

Так что не зря говорят, если вы думаете, что вам показалось, значит, на самом деле не показалось. Просто вы увидели «признаки лжи».

## *Чего ты хочешь на самом деле?*

*«Дайте человеку все, чего он желает,*
*и в ту же минуту он почувствует, что это все не есть все.»*
Иммануил Кант

Как много желаний у человека. И как много различных техник по их исполнению. Бери и пользуйся! И все сбудется, обязательно. Практически гарантированно. Главное не переборщить с желаниями и не перепутать искренне желаемое и кажущееся.

Что это значит? *Иногда человек формулирует желание не под воздействием своих внутренних убеждений, а под воздействием различных внешних факторов*. И поэтому когда желание исполняется, человек чаще всего не радуется этому, а более того, он не знает, что ему делать с этой сбывшейся мечтой.

Он просто не был готов к исполнению желания. Казалось, что хотел, ждал, а на самом деле – ему просто нравилось об этом мечтать. Ведь человеку нужна мечта, как смысл жизни, как цель, чтобы было, зачем жить. А исполнение мечты лишает человека этой цели, этого жизненного маяка.

А иногда мечта просто напросто выглядит прекраснее, чем сбывшаяся действительность…. И человек разочаровывается, ведь столько сил, времени, столько души вложено в мечту, чтобы получить такой результат…. Который не просто не устроил, а полностью «выбил из колеи»…. Куда теперь идти, к чему стремиться….

Что же заставляет человека мечтать не о том…. или вернее о том, что парализует при положительном результате?

Комплексы, амбиции, самолюбие, самомнение, зависть, глупость, лень, да и много еще что.

Комплексы – это бич всей нашей жизни. Как много поступков глупых, дурных, непродуманных мы совершаем потому, что нас «недолюбили» в детстве, не сформировали нам адекватную самооценку, не научили любить и уважать себя. И поэтому так много ошибок совершается именно в отношениях с людьми, в частности с противоположным полом.

Ты ищешь человека, который компенсирует твою «недолюбленность», поднимет самооценку, примет со всеми «прибабахами» и недостатками. И как только появляется человек, обративший на тебя свое внимание, начавший относиться к тебе «не как все», ты привязываешься к этому человеку, делаешь его «кумиром», «господом богом», начинаешь мечтать быть с ним рядом всегда, вечно, принадлежать без остатка. И разве можно в тот миг заметить, что не всегда человек также бескорыстно и преданно относится к тебе, как ты к нему?

Нет. Ты готов идти на унижения, прощать обиды, только бы быть рядом с тем, кто тебя оценил, поднял над собой. А если бы не комплексы, разве смог бы желать любви стервы или поддонка, или самовлюбленного эгоиста, или афериста. Нет, конечно же. И тебе повезет, если это желание не сбудется и тебя просто «поимеют», а если у твоего избранника тоже комплексы? И он «купится» на твои чувства?

Вот тогда тебе стоит посочувствовать. Ведь рано или поздно ты увидишь «сбывшуюся действительность». Не думаю, что зрелище тебя порадует.

Зависть – это тоже не лучший мотив для мечтаний. «У Люси муж полковник – так круто, престижно, и я хочу» есть риск «вкусить» прелести «военной жизни», которые как оказалось совсем не прельщают на деле. «У Васи особняк трехэтажный – и я хочу» и приходишь в ужас от затрат на содержание этого удовольствия. «Клава вышла замуж за француза» - ты в шоке от их законов и порядков. «Коля зарабатывает бешеные деньги» - получи круглосуточную занятость и бешеный ритм работы. Да сколько таких примеров мечтаний из зависти.

Амбиции и самомнение тоже помогают «намечтать» кучу непосильных и совершенно неоправданных сложностей в своей жизни: собственное дело, престижное обучение (не по склонностям и способностям, а по высокому уровню притязаний), высокую должность, «достойную партию» в браке.
 А самолюбие еще добавит желаний по типу «а слабо», «не я буду, если», «а вот мы еще посмотрим».

 Вот и получается, что иногда желаниями управляют не внутренние установки, а внешние факторы, к нам, настоящим, не имеющим никакого отношения. Иногда человек сам подсознательно чувствует, что на самом деле не того хочет, о чем мечтает. И тогда, опять же, подсознательно пытается отсрочить исполнение желания. Хотя иногда подбирается к результату очень-очень близко. Находится куча доводов, отговорок. Человек иногда даже сам искренне верит, что обстоятельства отодвигают исполнение его желания, хотя со стороны видно, что именно ОН САМ «тормозит» процесс исполнения.

Его действия кажутся неразумными, нелогичными, хотя все достаточно просто, логично и объяснимо: ОН НЕ ХОЧЕТ, ЧТОБЫ ЖЕЛАНИЕ ИСПОЛНИЛОСЬ.

Поэтому когда мне говорят, что я хочу того-то и того-то, я уже не верю на слово, если человек только говорит, но ничего не делает для исполнения желания, а то и вовсе делает все наоборот.

Поэтому я всегда предлагаю подумать: А ЧЕГО ТЫ НА САМОМ ДЕЛЕ ХОЧЕШЬ? Если не можешь произнести это вслух, признайся, хотя бы себе. Иначе ты рискуешь получить результат, который тебе совсем не нужен.

## СТАТЬ счастливым или БЫТЬ счастливым...

*"Счастье - это не жизнь без забот и печалей,*

*счастье - это состояние души."*

Ф. Э. Дзержинский

Сегодня случайно :-) на глаза попалась фраза «я буду счастлив, если....» Заставило задуматься..... Как часто мы это говорим.... Мы все время живем в ожидании .... В ожидании, что вот-вот, наконец-то оно наступит долгожданное счастье.... Только для этого нужно....

А что, в самом деле, нужно, чтобы человек стал счастливым? Что такое счастье? Можно конечно ответить неопределенное – для каждого оно свое, счастье.... Обычно так и говорят....

Такое чувство, что это как какой-то порог – взошел на ступеньку и живешь счастливым.... Т.е. это как - в вечной эйфории что ли? Но если постоянно есть сладкое – перестаешь испытывать наслаждение от вкушаемого. И хочется соленого, кислого, горького.... Разве в жизни не так? И если понимать под счастьем ровную спокойную беззаботную жизнь – то не наскучит ли она в скором времени? Может быть, для этого и даются человеку горести, неприятности, неудачи, чтобы жизнь не стала приторно сладкой. Все познается в сравнении....

Почему же все так ждут какого-то определенного времени, когда все будет ровно и сладко? А *разве счастье – это не короткие мгновения, когда человек испытывает всплеск безудержных эмоций?* По-моему счастье – это точка кипения…. Когда идешь к чему-то, стремишься, добиваешься – и в определенный момент – бешеный шквал эмоций вперемежку с радостью, гордостью, восторгом…. И длится это несколько мгновений – минут, ну может быть часов…. Но не дольше….

 И каждый может припомнить в своей жизни эти короткие мгновения…. Значит счастье было? Нет, оно есть…. Ведь оно сопровождает нас всю жизнь, а мы, вместо того, чтобы радоваться этим чудесным мгновениям, продолжаем всю жизнь жить ожиданием счастья.

## *Не откладывай на завтра...*

*«Никогда не откладывай на завтра, то, что можешь сделать сегодня»*
*- народная мудрость.*

Все народные мудрости несут в себе невероятную силу правды.

Замечали? Нет?

Привычные фразы, знакомые с детства каждому, мы используем автоматически, не задумываясь.

А если задуматься?

«Не откладывай на завтра....» Почему? Почему нельзя отложить, перенести какое-нибудь дело, что может измениться?

Потому, что *«завтра» не бывает....*

Закрываешь вечером глаза, думаешь, вот завтра я сделаю то-то и то-то....

Просыпаешься утром – и что оказываешься в «завтра»? Нет, это снова сегодня....

А то, что отложено, собирался ведь сделать «завтра», значит не сегодня, значит не время? Значит снова «завтра»?

И так можно откладывать до бесконечности. Потом удивляемся, как дела копятся годами, годами до чего-то «не доходят руки». А все предельно просто, «завтра» не наступает никогда.

Самое обидное, что на «завтра» откладываются не только скучные домашние хлопоты (забить гвоздь, починить кран, навести порядок на антресолях или на балконе, выбросить на свалку старый бесколесый велосипед), но и важные и необходимые дела: съездить к родителям, помочь им по дому и просто поговорить, сказать девушке (парню) как сильно вы ее (его) любите, сходить с ребенком в театр или зоопарк....

Каждый раз обещаем себе, что завтра обязательно.... Завтра.... Завтра.... Завтра....

А однажды понимаем, что дети выросли, родителей больше нет, а единственный и любимый так и не услышал самых важных слов в жизни....

Поэтому *«если хочешь что-то сделать, сделай это сейчас, кто знает, сможешь ли ты это сделать потом»* - тоже мудрость, только уже восточная :-)

## О прошлом и настоящем

*Никогда не оборачивайся назад... Там все без изменений!*

AU

Иногда встречаешь человека из прошлого, завязывается разговор, и ты вдруг ловишь себя на мысли, что этот человек воспринимает тебя таким, каким ты был год-два, десять лет назад. Пытается говорить с тобой о том, что было актуальным давным-давно. А ты не просто не такой как год-два, десять лет назад, ты другой, абсолютно другой, другая логика мыслей, другие взгляды на действительность, другие жизненные ценности.

И невозможно этому человеку объяснить, что ты уже давно ушел оттуда, из прошлого, причем ушел семимильными шагами, и кажется смешным рассуждать сейчас о том, что когда-то бередило душу, казалось архиважным, со временем любые страсти и проблемы превращаются в пыль и забвение. Невозможно объяснить человеку, который сам все еще там, в том времени, живет теми же чувствами, теми же мыслями, решает те же проблемы, ходит по кругу. Невозможно объяснить, что жизнь это не замкнутая цепочка событий, жизнь – это путь, ежечасно, ежеминутно, ежесекундно даже, уводящий человека из прошлого, путь на котором человек растет, изменяется, взрослеет, мудреет.

И вот, наверное, тогда и понимаешь, почему этот человек исчез когда-то из твоей жизни, потому, что он не захотел пойти за тобой, не захотел пройти этот путь, на котором так много непонятного, сложного, подчас страшного и непредсказуемого, он предпочел зависимое существование в предсказуемости, игру в реальность, а не саму реальность. Может потому что так было проще, заранее был известен результат, а каждую проблему каждую жизненную ситуацию можно повторить еще и еще, убеждая себя и всех окружающих, что ты решаешь реальные проблемы, что ты живешь. Так выглядит иллюзия жизни, а жизнь есть путь.

Печально.

И самое печальное, что даже не хочется объяснять, что ты просто не хочешь снова и снова ходить с ним по кругу, а он не готов идти вперед.

# Часть 2. По Законам Вселенной.

*Бог придумал Вселенную не для твоего удобства.*
*Не нравится?*
*Ничего не поделаешь.*
Джулиан Барнс.

Есть огромная Вселенная, а человек в ней лишь песчинка. Вселенная живет по своим законам, а человек по своим, но, тем не менее, они все-таки пересекаются, взаимодействуют и влияют друг на друга.

Вселенная вносит свои коррективы в жизнь человека, а человек в то же самое время изменяет Вселенную.

И если кому – то удается изменить этот мир, хоть чуточку, хоть капельку сделать его лучше, то можно сказать, что жизнь прожита не зря, и миссия человека выполнена.

## Миссия каждому своя...

*Надо просто осознать свою Миссию, а затем просто идти по этому пути.*
*Делай то, что ты любишь, и придумывай, как это может принести пользу*
*другим людям. Да, будут трудности, проблемы и непонимание других людей.*
*Но, делая Любимое Дело, проще преодолевать трудности,*
*а те, кто не понимает Вас, либо уйдёт из Вашей жизни, либо привыкнет.*
(Кто-то умный сказал и я с ним согласна)

Давно собиралась написать о миссии. О какой? О той, с которой каждый человек приходит на землю.

Наверное, никто не станет спорить, что пришел в этом мир не просто так, а зачем-то. Или все-таки кто-то сомневается, что его появление в этом мире чем-то оправдано? Даже самое, казалось бы никчемное, человеческое пребывание здесь, на земле зачем-то нужно.

Зачем? А это может каждый сам определить для себя. Кто лучше нас самих может понять смысл своего существования. **Каждый человек выполняет определенную миссию. Кто-то несет добро и свет, кто-то негатив, чтобы этот свет мог от чего-то отразиться.** Ведь если не будет тьмы – зачем тогда нужен свет? Если бы было только добро, как можно было бы его оценить, ведь все познается в сравнении. Даже «злые», «порочные» и «коварные» нужны миру.

Каждому человеку дана какая-то неповторимая роль на земле, каждый человек как один пазл в общей картине мира. Уберешь его, и не получится картины. И эта картина – бесконечна, она создается в протяженности со временем, уходят люди, а картинка остается, потому, что в свое время они прочно вписывались в ее структуру, играя свою роль, выполняя свое предназначение. *Нет ненужных людей, нет никчемных судеб, все приносят в этот мир частичку мирозданья.*

Какую? Это каждый может решить сам, посмотрев на свою жизнь со стороны. Чего в ней больше, чем вы являетесь в этой жизнь. Ведь в соответствии с вашей миссией жизнь постоянно преподносит различные ситуации, в которых без вас не обойтись, людей, которым вы нужны.

Посмотрите и вы поймете, кто вы — учитель, вдохновитель, врачеватель, коварный искуситель и порок, злой гений, иуда, солнечный лучик, судья, изувер и мучитель, или палочка-выручалочка, Прометей, пророк или огонек в ночи, горный ручей или радуга после дождя, а может быть снежная лавина, бунтарь или ветошь, нежная, но колючая роза, гильотина или грязная лужа.

Кто вы? Зачем вы здесь?

## Мы и наши мысли.

*«Удивительное дело, о каких разных вещах могут думать люди, сидя рядом*
*в одной тележке! Органы чувств у них одинаковые, одни и те же картины*
*проносятся перед их глазами, а в мыслях у них нет ничего общего»*
Гарриет Элизабет Бичер-Стоу. Хижина дяди Тома

Очень интересно и иногда очень непонятно рождается мысль. Хотя
конечно, она формируется по соответствующим нейрофизиологическим
законам. Но если рассматривать мысль в свете квантовой теории, то ее
рождение достаточно своеобразно.

Почему мысли иногда обрушиваются каким-то невидимым светящимся
потоком, а иногда липкой тягучей субстанцией, которую очень трудно
«передумать»? Когда мысли приходят в виде световой вспышки – они
несут какое-то открытие, рождение новой идеи, осознание чего-то, в
жизни, в себе, они осеняют. Когда мысль «липкая и тягучая», она гнетет
и приземляет, она заполняет не только разум, но и душу, причем
совершенно не радостными ощущениями.

«Световые» мысли возникают, когда идет поиск какого-то решения,
после долгой упорной работы мозга, после того, как он «перелопатил»
целую кучу долгих, может быть «тягучих» мыслей. Получается, чтобы
произошла вспышка, необходима монотонность и тягучесть? Может
быть. Как и в любом деле – есть процесс, и есть результат. Процесс
длительный и монотонный. А результат как вспышка – быстрый и

ослепляющий. И по-другому невозможно, ведь вспышка – это не пламя, это быстрое и внезапное воспламенение.

А как же теория материальности мыслей? Она работает. Вот именно «тягучие» мысли материальны. Когда мы о чем-то долго и упорно думаем, взвешиваем, примеряем, эта мысль начинает жить уже рядом с нами своей собственной жизнью. Она есть. Она взлелеяна нами и ждет своей «вспышки». И не факт, что вспышка произойдет именно в вашей голове. Ведь мысль самостоятельна, и она самостоятельно выбирает где «вспыхнуть». Если вы долго «раскачиваетесь» и медлите, «вспышка» может возникнуть где-то в другом месте. Так бывает, когда вы долго вынашиваете какую-то идею, но не даете мысли принять определенную форму, а просто «размазываете» ее, «перекладываете» с одного места на другое и «передумываете» одно и то же по нескольку раз, не двигаясь вперед. И однажды узнаете, что ваша идея «вспыхнула» и «воплотилась» в совершенно другой голове.

А какую мысль мы посылаем во Вселенную, дабы исполнить наши желания? Конечно мысль-«вспышку», которая давным-давно зрела в голове в виде субстанции, а потом одномоментно, вспыхнув, отправилась к высшему разуму. Ведь если бы она не зрела, она не вылилась бы во «вспышку». Ведь мы всегда желаем то, о чем раздумываем. Спонтанные желания, как правило, не принимаются Вселенной для «обработки». Желания должны быть обдуманны. Представьте себе, если бы исполнялись все спонтанные желания, которые могли бы стихийно возникнуть в голове. Страшно представить, что могут иногда желать люди от нечего делать, или со зла, или по глупости.

Наши мысли рождаются сообразно нашему разуму, нашему интеллекту, они различны по своему составу и назначению. Кто-то размышляет о высших материях, а кто-то о том, в какой цвет забор выкрасить. Но и те, и другие мысли с нами постоянно, ведь без мыслей существовать не возможно, даже когда мы не думаем ни о чем, все равно мы о чем-то думаем, все равно мысль «прокручивается» в голове, чтобы однажды «вспыхнуть» или так и остаться в состоянии тягучести и превратиться в «болото» нашего сознания.

*Есть думы тайные — и снова в детской дрожи,*
*Закрыв лицо, я падаю во прах…*
*Есть думы светлые, как ангел божий,*
*Затерянные мной в холодных днях.*
*Есть думы гордые — мои исканья бога, —*
*Но оскверненные притворством и игрой,*
*Есть думы-женщины, глядящие так строго,*
*Есть думы-карлики с изогнутой спиной…*
*Куда б я ни бежал истоптанной дорогой,*
*Они летят, бегут, ползут — за мной!*

Валерий Брюсов

## Знаки в нашей жизни.

*Эти тайные знаки,*
*Эти вещие сны*
*Маячками во мраке -*
*Очень ярко видны.*

*Но, увы... не умеем*
*И не можем прочесть,*
*А надежды лелеим:*
*Лучше будет, чем есть.*
AU

Слушайте и услышите. Смотрите и увидите. Все, с вами произойдет в будущем, что вам будет нужно и пригодится потом, уже сейчас есть в вашей жизни. Ситуации, вещи, люди, события появляются сегодня для того, чтобы завтра вам пригодиться. Только заметить это нужно СЕЙЧАС! Потому что, если вы пройдете мимо этого сейчас, потом у вас не будет под рукой необходимого, чтобы ПОТОМ справиться с тем, что произойдет. Это называется подсказками судьбы или законом знаков. **Наверное, каждый может вспомнить случаи из своей жизни, что перед определенными событиями в жизни появлялись какие-то подсказки, намеки, символы** на то, чтобы вы обошли что-то или, наоборот, не прошли мимо чего-то в будущем. И как обидно бывает, когда знал, чувствовал, но не прислушался и сделал, или не сделал, то, что нужно. Но «после драки кулаками не машут». Поздно горевать, когда что-то уже произошло или что-то «прозевали».

Перед тем, как понадобиться, вещи «приходят в движение». Замечали, когда неожиданно что-то вываливается из шкафа, или то и дело попадается на глаза, или почему-то на нее «падает взгляд» во время похода по магазинам, можно с уверенностью сказать, что эта вещь понадобится уже скоро. Даже если пока она вам совершенно не нужна.

То же самое происходит с людьми. Случайная встреча с кем-то из давних знакомых, например, с юристом - а через несколько дней происходит ситуация, где необходим совет юриста. Или встречаешь, случайно человека, который хочет сдать комнату. И в данный момент у вас с жилье все в порядке, а через неделю вам срочно требуется комната, так сложились обстоятельства. Таких ситуаций множество.

Знакомства с людьми вообще вещь не случайная, каждый человек вносит в вашу жизнь что-то, что должно было появиться, но сами вы никогда не дошли бы до этого. Это что-то может быть различным – люди, вещи, ситуации, знания, опыт.

Кстати, и сами по себе знания и опыт тоже не появляются просто так. Если что-то узнали и изучили случайно, и без лишней надобности, обязательно пригодятся в будущем, причем также совершенно неожиданно. А если иногда отказываемся что-то изучить, когда есть возможность - будьте уверены, пожалеете об этом обязательно. Это обязательно понадобится.

Ситуации вообще наши лучшие подсказчики. Сами знаете, что прислушиваясь и присматриваясь к тому, как все получается или не получается, можно уже сделать вывод, стоит ли вообще двигаться к тому, к чему движетесь. Ведь если долго нет автобуса, может просто не следует ехать, если вдруг закрыта дверь магазина, то, наверное, лучше отложить покупку, а если никак не складываются отношения, может лучше не планировать совместную жизнь.

Если обращать внимание на такие символы и подсказки, то вполне можно избежать каких-то неприятностей в будущем, или наоборот, не упустить нужный шанс. И может быть даже изменить свою жизнь. Нужно только хотеть слышать и вы обязательно услышите, хотеть видеть и вы обязательно увидите.

# *Ничего случайного...*

*Когда поймете, что все случайности в жизни от Бога,*

*жить вам станет гораздо легче.*

AU

Все великие открытия всегда происходят случайно... или как бы случайно... а может в этом есть некая закономерность случайностей?

Сколько раз замечала, что все новое в моей жизни происходит каким-то интересным, совершенно неожиданным образом...

Ищешь одно, а находишь совсем другое и это другое, потом оказывается тем самым нужным и необходимым... просто чтобы это понять иногда не хватало или ума, или опыта, или времени, или знаний о том, что это в принципе существует... а случайность помогла увидеть, что это именно то, что единственно нужно, важно, интересно....

Примеров можно приводить много, от самых простых и банальных, до жизненно важных...

Порой ищешь в интернете красивую картинку для поста, какой-нибудь интересный материальчик, и случайно по какой-нибудь ссылке, совершенно не в тему, попадаешь на сайт, который ну просто переворачивает мировоззрение или, по крайней мере, дает новое увлечение... и картинки самые интересные (не в ту тему, которую ищешь, разумеется))) находятся тоже совершенно случайно....

И с работой также: ищешь одно, а находишь совершенно другое, может иногда близкое, но другое, а потом понимаешь, что именно об этом всегда и мечтала ))))

Может странно, но порой и с людьми происходит то же самое.... с самыми интересными людьми, как и самыми значимыми, встреча всегда необычна, практически это один шанс из 100 или даже из 1000... просто встретиться... даже случайно... Ну невозможно было пересечься, слишком разными дорогами ходили, а тут раз - и ситуация складывается так, что случайно оказываешься в одно время в одном месте с человеком... через которого потом познакомишься с тем самым - судьбоносным, интересным и значимым...

Ну, разве не загадка судьбы?

А может это всего лишь ее заготовки? Нарезаны пазлы - хочешь так поставь, хочешь эдак, картинка все равно получится, но другая... ведь нет гарантии, что ты пойдешь в тот самый день, в тот самый час, в то самое место... и если познакомишься с этим человеком, то не значит, что обязательно познакомишься с тем, значимым... Или пазлы имеют только одну форму складывания? И по-другому их не сложить?

И все- таки случайность не случайна?

# Мечтайте осторожно!

Все, что человек хочет, непременно сбудется!
А если не сбудется, то и желания не было,
а если сбудется не то, - разочарование только кажущееся:
сбылось именно то.
А. Блок.

Как много сейчас пишут и говорят об исполнении желаний. И мнений много и советов тоже немало. Все знают, как правильно желать, мечтать, но почему-то не у всех получается. Или «сбыча мечт» :-) дело непростое и доступно не каждому?

Вчера столкнулась еще с одним взглядом на эту проблему, прочитала «Уникальные ответы» Сергея Шевготы. Трактовка подобна привычным, но отличается лишь тем, что сбываются только искренне желаемые мечты, причем независимо от того, делаете вы что-то или нет, предпринимаете попытки "грести" или просто движетесь по течению. Просто обстоятельства сами складываются так и не иначе….

Если это ваше, если это вам дано судьбой, сообразно с вашей натурой, с вашими внутренними установками, если это действительно желанно – оно сбывается. Как много «если»….

Но все же, надо признать, что это так и есть…. Можно обманывать себя и говорить, что то, что сбылось – не то, о чем мечталось, а то, о чем мечталось – не сбылось.... Но ведь самые искренние желания – не те, которые говорятся вслух и на публику.... О самых искренних человек знает только сам, где-то в глубине души.... Об этих желаниях молчат....

Ведь если быть честным самим с собой – припомните и наверняка найдете где-то в укромном уголке своей памяти те робкие невысказанные мысли, те вскользь промелькнувшие желания или какое-то время лелеянные, а потом забытые мечты.... В моей жизни такого было много, если что-то очень хочется (действительно хочется, а не кажется), то рано или поздно к этому приходишь.... Жизнь сама приводит к этому....

Другое дело, что иногда мечта сбывается в то время, когда она тебе уже не нужна, или, когда она сбывается, а ты понимаешь, что в виде мечты – она была куда прекрасней, чем то, что получилось на самом деле.... Но что поделаешь, мечтали – получите :-)

Поэтому мечтать нужно осторожно, иногда мечты сбываются! А это не всегда приятно удивляет :-)

# Игры судьбы.

*Судьба подчас чересчур уж сильно замахивается,*
*когда хочет легонько стукнуть нас.*
*Казалось, она вот-вот нас раздавит,*
*а на самом-то деле она всего лишь комара у нас на лбу прихлопнула.*
Лессинг

В жизни все взаимосвязано. Подчас сетуешь: «за что мне это, почему все так, лучше бы этого не было». А если подумать, не случись одно – не произошло бы и другое. И переживания, в общем-то, напрасны…. Не зря же говорят – не было бы счастья, да несчастье помогло…. Это не пустые слова…. Правда не всегда это сразу понятно, иногда события так закручены-перекручены, что даже и не подумаешь, что есть какая-то связь между ними.

Смысл происходящего становится понятен многое время спустя, да и то, если об этом специально задуматься, проанализировать, сопоставить. Будто шахматную партию разыгрываешь, или даже вернее сказать, шахматный этюд решаешь - ответ есть, остается только ход решения продумать.

А когда сама «игра» идет - трудно думать о том, несет ли ситуация какой-то смысл, какую-то выгоду или необходимость для дальнейшего. Кипят страсти, рушится мир, сдают нервы…. Пытаешься что-то решать, менять, держать.... А это всего лишь ход игры для того, чтобы потом сложилось что-то важное и действительно нужное....

***

*Вселенская игра...- судьба тасует мысли...*
*А я - одна из карт в колоде временной...*
*И главное - следить, чтоб совесть не зависла*
*Меж Небом и Землёй, когда придут за мной...*

*Эмоции бурлят,.. и прикуп неизвестен...*
*Как важно наперёд продумать каждый ход.*
*И если ты сглупил иль, попросту, не честен,*
*"Ответишь за базар", когда пора придёт...*

*Нам дарят жизнь и смерть возможность сотворенья,*
*Но лишь судьбе дано - решать, во что играть...*
*Так пусть горит в сердцах источник вдохновенья,*
*Чтоб мы в любых мирах могли душой летать!..*

*Сгорает пламя чувств, уходят в бездну годы...-*
*И карты бытия развеет время в прах...*
*Когда Творец мой Дух достанет из колоды,*
*Я осознаю вмиг, что Вечность не игра...*

Светлана Шиманская

## *Со временем все повторяется...*

*Негаданно, как водится, морозы к нам пришли,*
*По тротуарам люд скользит и с матерком валяется...*
*Да, лучшее свидетельство вращения Земли,*
*Что все проблемы в жизни повторяются.*

AU

Время рассудит. Время лечит. Время расставляет все по местам. Время – мы возлагаем на него такие надежды, когда не в силах что-то исправить, предпринять, решить сами. Время – волшебник, обладающий такими необыкновенными качествами – исцелять, решать, помогать, приводить в чувства.

А задумывались ли вы когда-нибудь, сколько нужно времени, чтобы оно проявило свою силу? Предвижу ответ – для каждого случая оно различно. Так ведь? Оказывается так - да не так. Практически недавно узнала, что существуют временные циклы, позволяющие справиться с проблемами, принять какое-то решение.
Временной жизненный цикл - 7 дней, 7 недель, 7 месяцев.

Смысл цикла Трех Семерок заключается в том, что:
Любое происходящее в нашей жизни событие будет отражаться во времени с периодом в семь дней, семь недель и семь месяцев.
Любое происходящее в вашей жизни событие есть отражение события, которое произошло с вами семь дней назад, семь недель назад, семь месяцев назад.

Т.е. если сегодня у вас какая-то проблема, решение ее придет, либо через 7 дней, либо через 7 недель, либо через 7 месяцев.

Если вы совершаете какой-то «поступок» сегодня, то результат от него будет получен через 7 дней, через 7 недель, через 7 месяцев.

И если у вас сегодня проблема, то это результат произошедшего с вами 7 дней, 7 недель, 7 месяцев назад.

Все события отражаются периодично с таким циклом. Т.е. повторяются в течение всей жизни человека. Можно ли проверить? Можно. Если посмотреть на свою жизнь как бы «со стороны», если конечно можно все припомнить. События происходят волнообразно. Если трудно вспомнить прошлое, можно начать отслеживать текущие события, записывая их. Зачем? Для того, чтобы «не делать резких движений». Чтобы можно было менять судьбу.

Если отводить время работе с собой, если не сбегать, но проживать то, что происходит с вами в каждый момент вашей жизни, осознавая и отпуская это, то таким образом, можно закладывать циклы новых событий. Тогда и карма будет меняться.

Все мелкие проблемы решаются в течение 7 дней. А глобальные изменения происходят за 7 месяцев. Поэтому не нужно паниковать, нужно осознать проблему, прожить ее. И ответ придет. Запомните – вопрос возникает только тогда, когда вы на него уже знаете ответ, иначе бы вопроса не было. И нужно всего лишь время, чтобы осознать ответ на него. А времени нужно 7 дней, 7 недель, или 7 месяцев.

# Импульс мысли.

*Мы притягиваем в нашу жизнь то, о чем думаем.*

Ричард Бах

Вчера посмотрела интервью Марины Сугробовой «О привлечении любимого».

Там прозвучало то, что можно посылать мысли своему любимому на расстоянии, сообщая ему о своих чувствах, призывая его, таким образом, к себе.

Что меня заставило задуматься, так это сама идея транслирования мыслей на расстоянии, и не только любимому, а в принципе….

Интересно, что это действительно работает.

Просто иногда это происходит без осознания самого действа.

Бывает, что кто-то очень нужен, но по каким-то причинам сам не можешь с ним связаться и тогда обращаешься как бы в пустоту – со словами «вот бы», «хоть бы», «пусть», «вот если бы» и что интересно, это происходит.

Несколько раз убеждалась, что **вот этот миг искреннего обращения в никуда исполняет желаемое.** Практически сразу, в достаточно короткий срок.

Это конечно не «никуда», это как теперь уже понятно, обращение во вселенную. Но ведь в момент самого посыла об этом не думаешь, когда думаешь и посылаешь, чаще не исполняется.

Это трудно объяснить, но это какой-то неосознаваемый «крик души», мимолетный импульс мысли, очень краткое и искреннее желание. Подумал и пошел дальше, а импульс сработал.

Вот также работает молитва. Сильный, но краткий импульс во время тирады слов, если импульса нет, эффекта от молитвы нет.

И это нельзя подготовить, сделать специально. Не получается специально. Только мимолетное искреннее сильное желание, из сердца, из души, без осознания разумом.

Вот она, квантовая механика, квантовая психология. Наука до конца не признанная, но успешно существующая и работающая.

## *Просто и гениально.*

*В жизни нет ничего сложного. Это мы сложны.*
*Жизнь — простая штука, и в ней что проще, тем правильнее.*

Оскар Уайльд

Все самое гениальное происходит случайно. Никто не ставит целью сделать открытие в тот момент, когда желает принять ванну, ложится спать или присаживается отдохнуть под яблоней.)))

Все происходит невзначай. Как бы само собой. Можно конечно желать сделать открытие, многие годы двигаться в этом направлении, экспериментировать, вычислять, пытаться найти нужное решение, жить с мыслью об открытии и со временем прийти к открытию. Но все гениальное приходит как удар молнией, неожиданно, неподготовлено, иногда даже с точностью до наоборот от ожидаемого результата. И не всегда можно заметить и поверить, что это и есть тот самый результат. Принять его, а не отогнать от себя как бредовую идею.

«Идея гениальна лишь в том случае, если она страдает некоей сумасшедшинкой» - известное изречение Нильса Бора. И это действительно так, подготовленных открытий не бывает, бывают ожидаемые, но и они происходят не в назначенное время и не с тем результатом чаще всего. Замечали ли вы в своей жизни, как иногда решаются задачи? Да так как вы не думали, как не хотели, результат не всегда устраивает. Но он есть!

Бывает, что серьезное отношение к поставленной задаче отодвигает результат, когда слишком «зацикливает» на происходящем. А стоит отодвинуть непосильную задачу, махнуть рукой или просто «просмеять» серьезность проекта – решение приходит само собой. Иногда решение сваливается как снег на голову (или яблоко))) неожиданно и все кажется простым и очевидным, даже удивительно, что это не приходило в голову раньше. Иногда решение приходит, когда уже не нужно и тоже кажется простым и очевидным.

Наверное, это происходит потому, что мы в серьезных и сложных ситуациях, или в ситуациях видимых серьезными пытаемся искать такой же серьезный и сложный ответ. А ответ оказывается гораздо проще, и поэтому находится, когда мы становимся проще, и менее серьезными.)))

*Мы слишком любим все усложнять, придумывать запутанность решений и задач, привыкли видеть, и ожидаем видеть все сложнее, чем это есть на самом деле.* Мы ищем сложности там, где их нет. Поэтому даже представить иногда не можем, что «...ларчик просто открывался...»

Все гениальное просто... и все самое гениальное происходит случайно....
Нужно просто учиться это видеть!

# Чудеса или... закономерность...

*— Ты веришь в чудеса?*
*— А ты веришь в утро?*
AU

Чем больше читаешь различной литературы по парапсихологии, эзотерике, мистике, тем больше становится понятно, а вместе с тем и более непонятно как это работает, не зря же говорил Сократ "Чем больше я узнаю, тем больше понимаю, что я ничего не знаю". ))

И это действительно так, иногда становится понятным то, что давно заставляло размышлять, просто как пазлы складываются, мучаешься, мучаешься, а потом раз и нашелся необходимый элемент, и вот она картинка, получилась.

А иногда совершенно простое, неожиданно возникшее, вдруг становится совершенно необъяснимым. И невозможность подвести это ни под один закон, ни под одно логическое объяснение, совершенно не мешает этому БЫТЬ и РАБОТАТЬ.

Вот все мы иногда говорим, если вдруг сложный выбор или неразрешимая проблема и приходится «опускать вожжи», что если судьба, то пусть будет ТАК, или наоборот. И результат расцениваем как «судьбу» или «не судьбу».

Этот процесс удивительно отслеживается на растениях, на комнатных, например. Несколько раз «загадывала» на совершенно бесперспективных росточках, которые видно, что не примутся, примерно 1 шанс из 100... на такие же практически бесперспективные дела.... У которых тоже примерно 1 шанс из 100.

Трудно поверить, но иногда росточки не только принимались, но и очень неплохо росли, а некоторые не погибали, но стояли на одном уровне, не двигаясь с места.... А некоторые стояли, стояли, а потом, вдруг начинали расти.... Ну а иногда погибали практически сразу....

И точно также продвигались дела, те, на которые загадала....

Как это объяснить? Пока не могу понять, как это работает.... Но работает удивительно точно..... Чудеса.....))

## Закон Бумеранга

*Людские чувства — это бумеранг…*
*Что запускаешь ты, к тебе вернётся…*
*Обман и ложь, как призрачный туман…*
*Однажды в жизни, болью отзовётся…*

AU

Давно собиралась написать про закон бумеранга, но все как-то откладывала, как-то не хотелось «ворошить» эту тему… но вот случай представился.

Немного шокирована, надо сказать, может потому, что никогда не видела этот закон в действии. Работает, еще как. Причем, даже независимо от чьих-то пожеланий….

Все знают, что Закон бумеранга гласит: все, что посылается во вселенную – возвращается. Дела, слова, поступки, плохие, хорошие… все возвращаются, тому, кто это послал.

Как работает этот закон? Тут дело даже не в том, что если делать только добро, то все обязательно, будут делать добро в ответ, а если зло, то зло. Не от людей будет добро возвращаться, ведь все мы знаем, что люди вокруг разные. И поступают по-разному. Иначе ведь должны тогда быть только хорошие вокруг или только плохие. Так не бывает.

И их поступки не несут за собой какой-то карательной силы. Ведь если они поступают плохо, свой объем негатива ОНИ получат обратно. Возвращается энергия, выстраиваются ситуации, в результате которых человек получает тот объем негатива, который он создал своим поступком для кого-то.

Т.е. *все, что получает человек – неприятности, неудачи, потери, обиды – всего лишь результат его прошлых действий.* Если что-то пошло не так, припомните, а не было ли совсем недавно или давно чего-то, что спровоцировало ваше сегодняшнее невезенье. Выплеснули злобу в сердцах, послали проклятие, поступили подло (даже оправдав себя перед собой) – запустили бумеранг. Ждите, он вернется.

Самое страшное, что чаще ситуации выстраивается так, что человек «сам себе яму роет», не понимая этого, т.е. поступает как обычно, но именно это сейчас приносит вред ему. Потом понимает, что сделал не так, и рад бы обвинить кого-то, а винить некого. По сути сам виноват. Чаще всего бумеранг так и возвращается, не через других людей, а через себя самого, через ЗЛО НАПРАВЛЕННОЕ НА СЕБЯ. Не специально, конечно. Просто думал, что «прокатит», что так будет правильно, что самый умный, самый хитрый, что все можно, все дозволено и т.д. Поступал плохо, нечестно, и думал, что сойдет с рук, как обычно. Но именно через это зло его, же зло и вернулось – НЕ СОШЛО С РУК.

Примерно такая схема. Ну и с добром то же самое. Добро сам для себя человек своим добром создает. А не ответное добро от других людей. Окружающие лишь помогают ситуацию выстроить, так, чтобы бумеранг нашел своего хозяина.

И почему я говорю, что это ни от кого не зависит, да потому, что бумеранг посылает сам человек и к нему же он и возвращается. А если кто-то просит его наказать за содеянное, проклинает и негодует, то тем самым запускает свой бумеранг, который вернется уже к нему самому. Поэтому *иногда, кажется, что зло ненаказуемо – просим наказать обидчика, а наказаны, бываем сами.* Работает закон бумеранга.

А может быть и обида исходила от обидчика не со зла, может быть это просто смоделированная ситуация для возврата бумеранга? Подумайте, прежде чем обвинять.

# *Закон противоположного состояния.*

*Мы строили, строили и, наконец, построили. Ура!*
*Чебурашка из м-ф-ма*

Помните старый Советский фильм «Неподдающиеся»? Там герои ночью в цехе новую технологию в обработке детали осваивали. И так пытались, и эдак, и вот, наконец – получилось. Общее ликование, радость, восторг. «Получилось»!!! И стоило им обрадоваться, как – раз, и все сломалось. И снова попытки, снова радость и снова – сломалось!

Это наглядный пример действия еще одного Вселенского закона – закона Перекидывания монады. Или, если говорить проще – закона противоположного состояния. Любой процесс, завершившись, переходит в противоположное состояние.

Думаю, действие этого закона каждый много раз испытывал на себе. Стоит чему-то сильно порадоваться (достигнутой цели, приобретенному счастью, «завоеванному» любимому, заработанным деньгам), как тут же все начинает разваливаться и испаряться. Казалось – вот он результат, чувствуешь его, ощущаешь, празднуешь, но…. Все неожиданно начинает исчезать прямо на глазах. Так работает этот закон. Достигая чего-то, вы переходите в противоположное состояние.

Это можно сравнить с маятником, как только маятник достигает предельной точки, он начинает двигаться в противоположную сторону.

Так и все дела, события, завершаясь, начинают обратный процесс. В народе обычно говорят: не радуйся - сглазишь. А это всего лишь работает закон. Мы радуемся результату, тем самым ставим финальную точку в процессе или деле, и запускаем обратный процесс.

И осознание себя по этому закону работает. Знаете такие детские качели-перекладины, то вверх досточка взлетает, то вниз опускается. Когда вы стремитесь быть самым-самым лучшим, и уже практически трепещете от гордости за себя самого — качели раз и вы уже внизу. Или когда признаете, что полный дурак и ничтожество. Как только вы это принимаете — вверх взмываете неожиданно. :-)

Этот же закон работает и по-другому. Когда вы к чему-то сильно стремитесь, буквально из кожи вон лезете, чтобы добиться – результата долго нет. И *лишь когда вы смиритесь с положением вещей, примете все, в том виде как есть – вы получите результат.* Смирившись с неоправданными надеждами, несложившимся делом, потерянным человеком, отсутствием работы, денег - вы получаете противоположное состояние. Разве никогда у вас не было такого, что вы получили желаемое только когда перестали хотеть?

Здесь ситуация сопоставима с водяной воронкой. Воронка затягивает. Бороться бесполезно, только силы растрачиваются напрасно. Единственный способ выплыть – смириться и дать себя затянуть на дно. На дне круговорот слабеет и можно спастись. Закон работает.

Также действуют страхи, сомнения, проблемы, перемены, неприятные ситуации. Мы сопротивляемся и не можем ничего сделать. А смирившись, получаем их разрешение. Не убегать от проблем и страхов, а принимать их со всеми эмоциями и переживаниями. Если дается испытание, значит, нужно его пройти, значит, будут и силы для его преодоления. Ведь все эти сложности в жизни и есть источники силы. Им нужно не сопротивляться, а принимать их энергию в себя. Недаром, же самым главным лекарством от страха является правило: что боишься – то и делай. Клин клином…. Двигайся в свой страх, свою проблему, расслабься, осознай, прими их и …. Ты выйдешь невредимым….

А как же цели? Разве не нужно их достигать, чтобы не получить обратный результат? Нужно. Только не нужно ставить конечные цели, каждая достигнутая цель должна быть лишь ступенькой, за которой будет следующая…. Ведь конечная цель это завершение процесса, остановка, пустота. В песочных часах заканчивается песок и образуется пустота, а потом часы переворачиваются и песок пересыпается обратно. Закон действует.

## Не стань таким же, как твой "враг"

*Мы не выносим людей с теми же недостатками, что и у нас.*

О. Уайльд

Можно не принимать законы вселенной, можно с ними не соглашаться, пытаться действовать вразрез с ними, пытаться их обойти или думать, что это все бред и выдумки. Но тем не менее, эти законы работают, нравится нам это или нет, принимаем мы их или отмахиваемся. Думаю, что вы замечали, что люди, которые осуждали или ненавидели своих родителей, ни за что на свете не желая быть похожими на них, с годами становятся их полной копией – те же движения, голос, привычки, суждения, действия. Казалось должно быть странным, что **не хотели быть такими и именно такими стали, ненавидели их за поступки, и сами поступают также.**

На самом деле нет ничего удивительного, это работает закон одержания, который является более жесткой формой закона отрицания. Почему одержания, потому, что человек долгое время одержим – одержим ненавистью, враждой, непримирением к какому-либо человеку, к родственнику или просто близкому человеку, к знакомому, общение с которым постоянно вызывает у него отрицательные эмоции, негатив, раздражение.

А поскольку общение происходит регулярно, то он находится в постоянной одержимости, эмоции «испепеляют душу».

Чтобы защититься от этой вражды человек начинает пытаться понять своего «противника», проследить ход его мыслей, осознать мотивы его поведения, чтобы предугадывать его действия. И человек начинает думать как «его враг», только это помогает противостоять, защититься. Человек привыкает к этим мыслям, вживается в них, постепенно они становятся его собственными. Он привыкает так думать, а следовательно мысли ведут за собой действия и он начинает поступать так же. И сам он становится тем, кого ненавидит и не принимает.

Стоит задуматься о том, к кому вы испытываете чувство неприязни, ненависть и раздражение, ведь вполне возможно, что вы уже где-то на пути перевоплощения. И присмотритесь к тем, кто вас не принимает, недолюбливает, возможно, они с каждым днем все больше и больше становятся похожи на вас.

## Закон целого - не отвергайте ничего.

*Соль жизни: не насоли себе сам.*

Михаил Мамчич

Ничего не отрицайте и не отвергайте. Каким бы оно не было. Все, что вас окружает и все, что внутри вас - вам необходимо. Каждая ситуация, человек, которые встречаются на вашем жизненном пути, отражают ваш внутренний мир. Все, что есть в нас и вокруг нас - едино, целостно. Это еще один закон Вселенной - закон целостности.

Как он работает? Все, что вы отрицаете, не принимаете в окружающем мире - чужие качества, несовершенства или ситуации, они овладевают вами, чтобы вы поняли, что это имеет право быть, чтобы вы могли «прожить», «прочувствовать» это на себе. Т.е. если вам не нравится чье-то поведение, чьи-то взгляды на жизнь, чьи-то поступки — жизнь может поставить вам такие условия, так развернуть ситуацию, что вы станете, вести себя так же, чтобы вы осознали все «на себе», прожили это, прочувствовали и приняли. И научились не осуждать. Ведь говорят же — не суди, да не судим будешь. Это как раз об этом. Т.е. осуждая кого-то, мы получаем его путь, чтобы научиться - не судить.

*Если не принимаем себя или какие-то свои внутренние качества – возможно «воспитание» через внешнее.* Мы встречаем человека, который нам становится дорогим и любимым, которого мы принимаем и понимаем, но он оказывается обладателем таких же, точно качеств. Принимая его, мы учимся не осуждать себя.

Не принимая свое физическое тело – мы получаем проблемы со своим здоровьем. Ведь каждый орган несет в себе свое собственное сознание – свою энергетику. Неприятие его приводит к ситуациям, когда мы вынуждены, будем «смириться» с его существованием в таком именно виде и позволить ему существовать в единстве со всем организмом.

Т.е. в любом случае все объединяется в целое. Все едино, наш внутренний мир не отделим от внешнего. Каждая часть чего-то составляет с ним единое целое. А если мы пытаемся это опровергнуть, закон целого преподносит нам уроки. Он учит нас принимать все в таком виде, как оно есть и не опровергать, не осуждать, любить все таким, как есть, позволять этому оставаться в таком виде и не стараться ломать и менять. Каждый «кусочек» должен быть таковым как он есть, он всего лишь составляющее единого целого.

# Закон равновесия.

*Я не отвергаю зло. Я не знаю абсолютно добрых людей.*
*Всё находится в равновесии.*
*Если добро и зло в идеальном балансе, проблем не возникает.*

AU

У Вселенной существует много законов, которые работают и определяют нашу жизнь. Вряд ли кто-то будет спорить с тем, что работает закон подлости (он же закон бутерброда) или закон притяжения (мы сами притягиваем свои удачи и неудачи). А вот в существование закона равновесия каждый ли верит? Что такое равновесие? Это все положительное в мире уравновешивается отрицательным, т.е. количество добра равно количеству зла. И если что-то перевешивает, то оно непременно компенсируется.

Не зря же говорят: «не делай добра – не получишь зла» и «ни одно доброе дело не остается безнаказанным». Это не просто саркастические замечания против неблагодарности и недоброжелательности, это постулаты закона равновесия.

**Как это ни странно, но надо признать, что всякий раз, мы компенсируем свои действия противоположными.** Иначе не было бы равновесия. Поэтому иногда злодеи, например, неплохо устраиваются в жизни. Замечали, что недобрым людям чаще везет в чем-то, а на добрых, которые мухи не обидят, сыплются различные неприятности. Закон работает.

Разве это означает, что нужно быть сволочью по жизни? Нет, не думаю, просто, наверное, чтобы жизнь не компенсировала добрые поступки злом, нужно самому компенсировать их, т. е. не поступать всегда только правильно и хорошо, по отношению ко всем. Ведь не все заслуживают того, чтобы относиться к ним по-доброму. Нужно иногда и «кулаком по столу», и может быть «послать куда-нибудь подальше» того, кто этого заслуживает, чтоб ему «жизнь медом не казалась».

Ведь если человек поступил с вами плохо, незачем ему отвечать добром, вы же будете за это добро наказаны «умной вселенной» в целях сохранения равновесия. А так ему пайку зла выдать – может быть, у него появится желание задуматься и добро кому-нибудь сделать, тоже в соответствии с законом сохранения равновесия.

Чем вселенная не шутит :-)

***На наше настоящее влияет... наше будущее.***

*Возьми свой мир, возвращаю*
*В нём нет весны, замерзаю*
*Не греет в нём ледяное солнце.*
*Верни мой мир по осколкам*
*Напрасных слёз было сколько*
*Разбито, брось, ты порежешь пальцы. ...*
- поет Полина Гагарина

В фильме «Секрет-3» прозвучала фраза: на наше настоящее влияет не только наше прошлое, но и наше будущее.

Это выражение заставило задуматься. А ведь действительно так, если учесть, что для мозга процессы восприятия действительной реальности и реальности придуманной имеют одинаковое значение (об этом опять же говорили в фильме), т.е. то, что происходит сейчас и то, что в мечтах – для мозга просто информация, которую он обрабатывает.

Значит думая о том, чего не существует, мы создаем своего рода «будущее», то, что еще не произошло.... Думая о чем-то важном, решая какую-то проблему мы «прокручиваем» в голове различные ситуации.

Для тех, у кого хорошо развито воображение – это практически целая жизнь в «будущем».

Мы строим диалоги, выстраиваем поведение, принимаем решения. Когда это происходит при сильном эмоциональном напряжении, «будущее» начинает казаться полной реальностью.

Придя к какому-то решению (для себя) мы иногда забываем, что все, что происходило, происходило в «голове», в воображении. А для всех окружающих ситуация осталась ровно на том же месте, где была до сих пор. Не всегда это осознавая (ведь решение-то принято) мы начинаем вести себя сообразно со своим «будущим», не так, как диктует ситуация сейчас, а так, как мы решили для себя. И, что удивляться, когда теперь все происходит совершенно не так, как могло произойти, не придумай мы себе то, чего нет….

Вот и получается, что будущее влияет на настоящее….

Равно как и на прошлое…. Изменив «настоящее» сообразно с будущим, мы иногда меняем «прошлое»….

Делая выводы о том, как сложилась ситуация сейчас, меняем свое мнение, свое представление о том, что все было не так, не тем казалось, изменяем свое отношение к прошлому, начинаем думать о нем по-другому….

Изменилось прошлое…. (мысли о нем, представления) опять меняется сегодняшнее отношение к ситуации…. Раз так – значит вот так…. И так по кругу….

Менять можно до бесконечности, вот только завести это может в такие дебри, и так далеко реальности, от того, что на самом деле происходит…. Все зависит от силы воображения….

И кстати, очень часто это и происходит…. Мы столько себе «накручиваем» …. Вместо того, чтобы разобраться в настоящей ситуации, поговорить, обсудить, решить….

## *Новая жизнь с Нового года... или ...*

*Мелочи, нет ничего крупней. ...*

из  фильма «Ванильное небо»

Скоро Новый год. У нас принято с Нового года начинать новую жизнь. Или, по крайней мере, планировать начать новую жизнь. Мы ведь обычно начинаем новую жизнь с Нового года, с 1-го числа, с понедельника. С этих же дней садимся на диету, бросаем курить или избавляемся от других неприятных привычек. Почему именно так? Наверное, потому что это символично – новый месяц, неделя, год – новая жизнь.

Правда 2 числа, во вторник и после праздников желание уже не кажется таким сильным, что-то не складывается, отвлекает от задуманного и тогда мы переносим начало новой жизни на следующее первое число, или понедельник. :-) И так до бесконечности….. Новая жизнь может не наступить никогда…. Как же сдержать слово, данное самому себе и не откладывать? Тут потребуется сила воли и очень сильное желание….

А еще неплохо было бы обратиться к высшим силам – к Вселенной, которая всегда рада исполнить наши желания. Все прекрасно знают, но почему-то не выполняют или не всегда, или не до конца выполняют простейшие ритуалы по изменению своей жизни. ***Чтобы что-то изменить в своей жизни, нужно просто начать менять, не дожидаясь какой-то особенной даты*** или магического боя курантов. Хотя все это можно приурочить, и жизнь как раз изменится с Нового года.

Неплохо было бы навести в доме порядок, заблаговременно расчистить в доме завалы, особенно в самых злачных местах – кладовках и на балконе, ведь именно там что только не хранится, (хотя можно поспорить далеко не каждый точно назовет, что там хранится)))), т.е. все то, что «вдруг пригодится» – просто вынести на помойку. В новую жизнь нужно отправляться налегке, без старого холодильника, без дверцы, одного кроссовка, стоптанных тапочек, пустой коробки из-под пылесоса, который уже давно на свалке, банок с засохшей краской и прочего залежалого мусора.

И не беда, что на балконе теперь стало слишком просторно, зато можно подойти к перилам и посмотреть вниз, а не тянуться от двери, стоя на пороге, чтобы слегка взглянуть на то, какая сегодня погода. Простор и свобода!

И в кладовке теперь тоже просторно и вы видите, как оказывается в ней много места, но не торопитесь складывать туда то, что не помещается в шкафах или, то, что можно отложить на «вдруг пригодится». Порадуйтесь просто чистоте и свободе. Ведь вы же начинаете новую жизнь. Освободите место в доме для новой энергии.

Наверняка найдется, что выбросить и на кухне и в ванной..... да и сколько всего в шкафах и на антресолях. Давно туда не заглядывали? Выбросили? Замечательно. А теперь посмотрите по сторонам: может быть совершить еще один героический поступок и сделать ремонт в квартире? Ну хотя бы косметический. Ведь давно пора поменять смеситель в ванной, да и на кухне, обои в спальне порядком поднадоели, а розетки и выключатели просто ждут - не дождутся рук мастера. Ведь о какой новой жизни может идти речь, если в доме полный завал. Выцветшие занавески, заляпанный кафель возле плиты, паутина в углу, потертая клеенка на столе, развалившийся коврик возле входной двери.

Мелочи? Да, *мелочи, к которым мы привыкли, которые иногда просто не замечаем, но именно они создают нашу жизнь* ВОТ ТАКОЙ, какая она есть. А когда замечаем, она кажется серой, надоевшей и безрадостной. И возникает желание начать новую жизнь, потом, обязательно с первого числа, с Нового года.

А почему бы не начать ее прямо сейчас, с этих вот мелочей. Свежие обои на стенах, яркая сверкающая люстра, новые яркие занавески, не капающие краны, работающие розетки, чистый кафель на кухне и в ванной, начищенная посуда. Когда все вокруг такое радостное и красивое – разве не захочется быть таким же радостным и красивым? Не захочется сделать новую прическу, сшить новое платье, сесть на диету, найти новую работу? И вот она НОВАЯ ЖИЗНЬ. Главное захотеть и чуть-чуть приложить усилие. Ну, а Вселенная всегда рада помочь осуществить желание. :-)

# Поверь в себя - поймай удачу....

Почему иногда в жизни происходит не то, что мы хотим и к чему стремимся, а совсем наоборот, то чего не хотим и боимся? Вроде бы и инструкции по исполнении желаний читаем, и мыслить позитивно пытаемся, и карту мечты составляем, и визуализируем.... А все происходит совсем не так, как хочется?

Да потому, что мы все это делаем... не веря в себя.

Можно соблюдать все ритуалы, сохраняя внутренние установки на неудачу. Дело в том, что удачливость это беспрекословная уверенность. Мы же, ставя перед собой цели, всегда оставляем несколько процентов внутренней неуверенности.... Нет, не в неуспехе запланированного, а в себе .... *Мы каждый раз пытаемся спорить с самим собой и собственным неверием в свое везение....*

Иногда вроде бы и складывается все, и судьба благоволит, но внутренняя неуверенность нашептывает «не может быть», «а вдруг это только, кажется», «должен быть где-то подвох» и начинаем неосознанно доказывать себе, что подвох быть должен, не может не быть. Начинаем вести себя в соответствии со своими сомнениями, подчас на пустом месте создавая проблему. А когда проблема образуется, удовлетворенно отмечаем, «ну вот, я так и знала, что должен быть подвох».

И чем дальше мы идем по этому пути, тем больше проблем возникает, и тем дальше мы удаляемся от желаемого. И тут уж никакие обстоятельства помочь не могут, потому что мы сами выстраиваем их так, чтобы снова и снова доказать себе свою неудачливость и невезучесть.

Вот и получаемся, что сами своим неверием лишаем себя того, что само шло в руки, что должно было сложиться. А потом горюем и вздыхаем, что судьба не дала нам шанса, расписываемся в собственном невезении и жалеем себя, жалеем, жалеем…. И вместо того, чтобы быть победителем, становимся жертвой. Может потому, что так проще. Какой с жертвы спрос? А победителем быть слишком ответственно….

# *Уроки мудрости.*

*Самые лучшие уроки мы получаем, когда делаем ошибки,*

*ошибка прошлого — мудрость будущего.*

AU

Жизнь преподносит нам уроки. Порой мягкие, ненавязчивые, порой жесткие и болезненные. И насколько урок будет тяжел в преодолении, зависит, прежде всего, от нас самих. Пытаясь бороться с судьбой, не желая познать урок и вынести из него полезную информацию, мы усугубляем свое положение, иногда доходя до критической точки.

И что проку, ломая руки, восклицать «О, боже, за что»? Ведь правильнее было бы спросить «Боже, для чего». Для того, чтобы что-то понять, что-то изменить, что-то сделать. А не воспринимать это как кару небесную, наказание. Это всего лишь урок мудрости, желание Вселенной показать, что что-то в вашей жизни идет не так. Вселенная создает ситуации, которые заставляют вас взглянуть на себя, на свою жизнь по-другому. Если урок не пройден, он будет преподан еще и еще, до тех пор, пока человек не сделает для себя соответствующие выводы.

Если вы вырваны из привычного образа жизни, если что-то в вашей жизни сломалось, значит, это зачем-то было нужно. Значит, вы должны что-то понять. Попробуйте понять, ЧТО.

Не стоит пытаться снова и снова возвращаться к исходной точке, надеясь что-то исправить, вернуть все на прежнее место. Если судьба вырвала вас из привычного образа жизни однажды, она сделает это еще и еще раз, чтобы заставить вас понять, перемены неизбежны. *Противиться – значит обрекать себя на новый урок, может быть более трудный.*

События нельзя повернуть вспять. В одну реку нельзя войти дважды. Не зря же говорят: «Никогда не возвращайтесь в прошлое, вы не найдете то, что там оставили». Потому что текущие события уже изменили вас, ваше окружение, ваше отношение к происходящему, ваши чувства, ваши мысли.

*Пока вы «боретесь» с Вселенной, все вокруг продолжает жить и меняться.* Все становится «другим». И вы рискуете однажды просто не вписаться в измененные обстоятельства, а соответственно быть выброшенным из потока жизни, чтобы снова оказаться «на волне» потребуется немало усилий. Поэтому лучше, вовремя прислушаться, уловив энергетический резонанс, подстроиться под общий фон потока, вылавировав, остаться на гребне волны.

У Вселенной не бывает бесполезных подсказок, глупых и бессмысленных уроков, просто мы не всегда можем понять вовремя, принять правильное решение. А бег времени неумолим. Если вы не приняли решение сегодня, завтра оно может быть уже не нужно или нужно будет принимать уже другое, более болезненное решение.

## *"Зеленые защитники"*

*Часто получаешь зонтик, когда промокнешь до нитки…*

_Баг__ИРА

Уже много раз говорилось о том, что окна являются проводниками энергии, приходящей в наше жилище. Существует много способов привлечения с помощью окна удачи, позитивной энергии.

Но почему-то мы забываем, что энергия бывает не только положительная, но и отрицательная. И она тоже приходит к нам в дом через окно. И ее поток во много раз сильнее.

Если позитивную мы привлекаем специально, то стоит подумать также о том, как уберечь свой дом, себя от ненужного воздействия негатива. Я хорошо помню, как раньше, в деревнях перед тем, как закрыть на зиму окна, между рамами помещали различные предметы, елочные игрушки, шары.

Интересно, что это все делалось неосознанно, просто по каким-то издавна идущим традициям. А оказывается, таким образом, дом защищается от сглаза, порчи и другой негативной энергии.

Предметы природного мира также являются защитой. Ведь мотив окна иногда ассоциируется с темой смерти. Поэтому между окон закладывают засушенные цветы, шишки, ветки, корешки. Они помогают сохранить равновесие двух миров «жилого» и «нежилого».

Нужно отметить, что живые цветы, стоящие на подоконнике, тоже являются своеобразным барьером на пути прохождения отрицательной энергии. Наши любимые растения иногда просто спасают нас, принимая на себя действие негатива. Если в доме ни с того ни с сего, вдруг начинают погибать цветы, стоит задуматься о том, не находитесь ли вы «под прицелом» недоброжелателей. Может кто-то «посылает» в вашу сторону недобрые мысли, проклятия, желает зла. А ваши «зеленые питомцы» нейтрализуют негатив, принимая удар на себя.

Я вспомнила об этом сегодня, убирая с окна очередной цветочный горшок с погибшим растением. За три месяца я потеряла практически половину свой любимой коллекции гераней, которую «собирала» несколько лет. И цветы продолжают умирать.

# Часть 3 Ты, да я, да мы с тобой (Психология отношений в «новом свете»)

*Люди одиноки, потому что вместо мостов они строят стены.*

Станислав Ежи Лец

Сколько людей, столько и мнений, каждый считает свое мнение самым правильным, а ошибки – это удел остальных. И в споре прав, кто громче всех кричит, и в доме тот хозяин, кто может «кулаком по столу».

Если не согласны, значит... не все потеряно))

## *Карта дорог...*

*Удивительно, но люди могут составить друг другу*

*приятную компанию в пути,*

*следуя при этом каждый своей дорогой...*

*AU*

Как интересно пересекаются человеческие судьбы...

Люди встречаются, общаются, влюбляются, дружат, расходятся...

Те, с кем общались когда-то очень близко, не один пуд соли, казалось, вместе был съеден, в один миг становятся чужими и далекими, и наоборот, совершенно незнакомые – в одночасье занимают свой уголок в сердце...

Потом и они уходят, идут своей дорогой дальше по жизни.... Приходят новые....

Жизнь, будто карта дорог.... Дороги пересекаются и расходятся....

Одни люди сменяют других.... Как много лиц проходит в течение жизни перед глазами.... Одни запоминаются, другие стираются безвозвратно.... Так же растворяются имена в прошлом.... В пустоте.... Как странно бывает, когда встречаешь кого-то на улице, человек говорит

«Привет», а ты не можешь вспомнить ни имени, ни обстоятельств, которые связаны с ним….

А иногда глаза помнят, смутно, отдаленно, не более….

Случается, дороги пересекаются еще раз…. Может для того, чтобы исправить какие-то ошибки из прошлого, может просто избавиться от воспоминаний, или изменить свое представление об этом человеке…. Понять, что прошлое расставание было правильным, а не ошибкой, как казалось….

Так проходит любовь, заканчивается дружба, когда-то важная и ценная…. Это жизнь корректирует чувства, отношения….

Часто дороги идут параллельно, сливаются в одну, образуя широкую трассу…. Это крепкие семьи, слаженные коллективы…. Но и на этих трассах много мелких перекрестков и пересечений (кто безгрешен?)…
И они тоже ветвятся и расходятся в разные стороны…. Чтобы сливаться в новые широкие дороги, пересекаться мелкими дорогами и тропинками….

Жизнь, будто карта дорог….

Которые прокладываем мы сами….

## Не доверяйте первому впечатлению.

*Первое впечатление – всегда обманчиво,*
*ибо у каждого мгновения – своя правда.*
Леонид С. Сухоруков

«По одежке встречают»... Да, всегда... Но вот провожают не всегда «по уму»...

Первое впечатление иногда остается непреодолимым барьером в восприятии человека. Иногда бывает проще «поменять пол», чем изменить свое мнение о человеке. Настолько сильны стереотипы восприятия.

Мы видим то, что решили сами для себя, когда встретили человека впервые и «оценили» его. И где-то в своей памяти прочно закрепили «гвоздиком бумажку с надписью» – «плохой» или «хороший», «умный» или «глупый», «душка» или «мерзавец». Закрепили и «пошли дальше», по своим делам, не удосуживаясь подкрепить свое восприятие фактами утверждающими или опровергающими.

И теперь этот незнакомый знакомец навсегда останется с «ярлыком» к нему прикрепленным.

А какой он на самом деле? Такой ли, как подсказало нам первое впечатление?

Увы, оно далеко не всегда оказывается прозорливым и видит человека в истинном свете. Разве всегда в «красивом фантике» завернута вкусная конфета? Разве упаковка решает качество товара?

В советское время вообще все продукты в серую оберточную бумагу заворачивали, но разве от этого колбаса становилась невкусной? Или сахар был менее сладкий? С людьми точно также. Мы верим первому впечатлению и не позволяем себе познавать людей, придерживаясь сложившихся стереотипов.

А иногда наше мнение складывается заочно, но оно не становится менее прочным. Мы верим всему, что говорят о людях, не зная их лично, мы позволяем себе судить о них по чужим оценкам. А ведь эти оценки субъективны. Они складываются из чьих-то личных впечатлений или что еще хуже сфабрикованы специально, потому что нужно сложить о ком-то «плохое мнение».

***Наше мнение складывается из пустоты, из домыслов и чужих оценок.*** Разве может оно быть действительно верным? Штамп поставить легко, стереть его трудно. Нельзя судить о человеке, не зная его лично, не пытаясь его узнать и понять.

Много раз убеждалась, что те, о ком плохо говорят, оказываются очень хорошими людьми и наоборот. И те, кто не понравился с первого взгляда, чаще всего оказываются потом самыми лучшими друзьями.

Не судите о людях по «обертке», не важно, сами вы ее подобрали или кто-то другой. Это всего лишь фантик вашего воображения. Чтобы познать содержимое, нужно эту «конфетку» развернуть.

# Идеальная любовь.

*Идеальную любовь можно искать всю жизнь и не найти,*
*потому что сама любовь несовершенна.*
из к-ф-ма « Бухта Доусона»

Стремление человека к поиску идеала было всегда. Идеальная женщина, идеальный мужчина, идеальные чувства – это так красиво, так романтично. Желание преклоняться перед идеалом, писать стихи, сочинять песни, совершать прогулки при луне, лелеять мечты и грезы. Мы создаем себе эту сказку и движемся к ней на протяжении всей жизни.

Мы все хотим любить как в сказке. А сказка – это всегда загадочность, неповторимость, увлекательность, волшебство. Поэтому мы влюбляемся в героев книг, киногероев, артистов, звезд эстрады, космонавтов и политиков. Они далеко, а значит, неизвестно загадочны, почти из сказки.

Мы создаем идеальный образ, обрамляя его всеми наилучшими качествами и чертами характера, даем ему внешность кого-нибудь из известных людей и любим этот образ. И это в лучшем случае. А в худшем? А в худшем к идеалу прикрепляется образ реального человека из нашей жизни.

Мы создали образ, а потом увидели подходящего человека, который чем-то напомнил идеал или нам показалось, что напомнил. И мы начинаем отождествлять этого человека с идеальным образом. Но чаще всего он не совпадает с этим образом, ведь, по сути, он не такой, как нам хотелось бы. И тогда мы начинаем «загонять его в образ», лепить этот образ из живого человека, забывая о том, что он живой, со своим «Я», со своими чувствами, со своими взглядами.

И это происходит с теми, кто живет рядом и любит нас реальных, непридуманных, со всеми «плюсами и минусами». А мы пытаемся вылепить из них «Галатею». И причиняем боль и страдания, потому что они живые. Но разве стоит задумываться о таких мелочах на пути к идеалу. И снова, и снова – «стекой по душе».

А иногда действия более «гуманны» – мы просто отказываемся от живого человека, чтобы «болеть» об идеале. Ведь если человек не совпадает с идеалом, его можно отодвинуть, чтоб не мешал любить «неповторимый образ», придуманный или чей-то из прошлого, который с годами «оброс ореолом идеальных черт»….

Поэтому так часты зависания в интернете, в соцсетях или в знакомствах, ведь там, так легко найти идеал, который будет отвечать тебе то, что ты хочешь услышать, и восхищаться тем, что восхваляешь ты. И если даже нет фотографии и имени, то и это к лучшему – ничто не помешает додумать все самому. И восхищаться, и тосковать, и любить…. Свою любовь….. Свой идеал…. Свою "Галатею"….

## Испытание любовью.

*Любовь — испытание для того, кто ее дождался, потому что ее нельзя ни отдать, ни продать, ни убить*

из к-ф-ма «Крем»

Любовь раздается богом. И неизвестно, кому повезло больше, тому, кто попал или тому, кто не попал под раздачу. Если любовь обошла стороной – мир кажется пустым и унылым, душа томится и страдает в ожидании этого чувства. Кажется, что и рождается-то человек для того только, чтобы дождаться встречи с любовью, чтобы жить этим, дышать, наслаждаться. И если любовь не встречается  человек, считает себя несчастным. Даже если все другие стороны жизни вполне состоявшиеся. Есть семья, карьера, материальные блага. Но нет любви и нет полета, нет вдохновения.

 А как же те, кому повезло познать это чувство, долгожданное, желанное, драгоценное? Кто отмечен богом, награжден умением и возможностью любить, они-то счастливы? Не всегда.
 Или скажем так, счастливы вначале, когда чувство приходит, когда еще есть эйфория от нахлынувшей лавины, когда хочется летать, петь и кричать о своем чувстве громко, на весь мир, когда еще ничего не омрачает этого состояния, когда еще глаза в глаза, а рука в руке…..

Но эйфория состояние кратковременное, и невозможно находиться в состоянии душевного полета всю жизнь, ведь существует быт, дела, жизнь, проблемы. И все это рождает споры, ссоры, непонимание, заботы, недоверие, ревность, отчуждение. Любовь порой становится тяжелым испытанием, пройти которое не каждому под силу.

Ведь не всегда любовь и семья это две составляющие единого целого. Иногда любовь приходит, когда уже есть семья, когда все устоялось, сложилось, когда есть обязанности, чувство долга, общий быт и самое главное – дети. И тогда, вместо того, чтобы считать себя счастливчиками, баловнями судьбы – люди принимают любовь как наказание, как кару небесную. Любовь, врываясь в устроенную жизнь, ломает ее привычное течение, привычный уклад, делая счастливыми лишь двоих, а остальным приносит боль и обиды. И невозможно оставаться в состоянии счастья, когда родные и близкие до этого люди становятся несчастными, мучаются и страдают.

И начинаются терзания, борьба с совестью или любовью. Чаще это борьба с любовью…. И здесь все средства идут в ход. Но ведь не всегда борются оба, не всегда оба хотят разорвать отношения и забыть, и снова жить как прежде….

Тогда борется один, принося невыносимые страдания и разочарования другому, который не понимает, что происходит, продолжая любить и проклинать своего мучителя, не в силах оторваться и уйти, предпочитая хотя бы миг, но рядом….

А даже если и оба хотят, порвать не так просто, принимая решение твердо и бесповоротно, тысячу раз поворачивают обратно, потом снова принимают решения, опять поворачивают, изводя себя, любимого, а заодно и своих близких…

И светлое чувство становится невыносимой мукой….

Мы прячемся от него, бежим, даем себе обещания, держимся из последних сил, срываемся и любим, все равно….

Обвиняя, бросая, прощаясь, ненавидя, страдая, но как маленького ребенка, как самое хрупкое и дорогое сокровище лелеем его в сердце до конца своих дней…

## Что в вашем «желтом чемоданчике»?

*Для того, чтобы соблазнить мужчину, не обязательно быть красавицей.*
*Обольщение — это в первую очередь игра.*

Дита Фон Тиз

Нет, не в том чемоданчике из старого детского фильма. А в пресловутом «чемоданчике», который хранится у каждой женщины где-то глубоко-глубоко в подсознании, «чемоданчике обольщения».

Конечно, есть у них общее. Если в чемоданчике у доктора находились необычные лекарства: от страха у него были леденцы, а с помощью других конфет он вполне мог лечить от злости и коварства, глупости, грусти, вранья.

То в чемоданчике у женщин хранятся не менее чудодейственные средства: те же самые - вранье и коварство, хитрости и глупости, лесть и слезы, с помощью которых можно заставить любого мужчину трепетать от бушующих чувств, сходить с ума от ревности, стать шелковым и ручным от страха быть брошенным своей любимой.

Можно возразить, что такими средствами пользуются не все женщины, а только хитрые стервы-соблазнительницы, но уверяю вас, каждая, хотя бы однажды прибегала к помощи этого замечательного «желтого чемоданчика». И средства у каждой женщины свои, апробированные и отработанные на конкретном представителе мужского пола. Хотя разница между ними небольшая, поэтому «наборчик», практически универсальный.

Остановимся на самых распространенных. Как «завоевывают» мужчин представительницы слабого пола?

**Искренность.** Все что делается должно выглядеть искренним. Иначе не сработает. Не поверит мужчина.

**Позитив.** Очень эффективное средство на начальной стадии отношений. Очень ведется представитель «сильной половины» человечества на веселую, позитивно настроенную женщину «без проблем», у которой всегда хорошее настроение, и которая всегда рада его видеть. Женщина-праздник, с сияющими, искрящими глазами и легким непринужденным смехом – мечта любого мужчины.

**Бескорыстность.** Обязательно при каждом удобном случае напоминать мужчине, что его деньги вас не интересуют, и вообще вы всегда рассчитывали только на себя. Мужчину подкупает, что вы любите его бескорыстно и вам ничего от него не нужно, кроме его чувств.

**Участие.** Во всех делах и интересах мужчины. Футбол – значит футбол, компьютер - значит компьютер, можно и о свойствах электрической цепи поговорить, если нужно. И о том, как его сегодня «подрезали», а гаишник…. В общем, жить его интересами.

**Понимание.** Обязательно понимать, как никто, сочувствовать, жалеть. По-матерински, ненавязчиво. Это мужчин тоже сильно подкупает.

**Глупость.** Слушать его с «открытым ртом», мужчины любят быть умнее, нужно позволять им эту маленькую «слабость».

**Лесть.** Просто чудеса творит. Обязательно хвалить и восхищаться «самым умным, самым чутким, самым сильным, самым-самым» преданно глядя в глаза. И ему захочется еще и еще раз услышать и почувствовать себя самым-самым.

**Слабость.** Очень хорошее средство. Какой мужчина сможет устоять перед женской слабостью? Он должен чувствовать себя героем, сильным и нужным. А сильный мужчина обязательно возьмет под защиту слабую женщину, захочет ее опекать.

**Секс.** Тут вообще нет пределов для фантазии. Пока он от остальных методов (лесть, слабость, бескорыстие, участие, понимание) еще под кайфом – беспроигрышный козырь – «супер-секси». (А я еще и вот так могу, и хочу-хочу-хочу ...) Головную боль оставить на «потом», на «после свадьбы». А пока этакая «зажигалочка».

**Слезы.** Мужчины боятся женских слез, они перед ними безоружны. Если больше ничего не действует – можно смело использовать этот прием. Работает безотказно.

**Ложь.** Святое дело. Особенно когда ситуация «аховая». Помогает. И про любовь, и про оргазмы, и про то, что лучше него никогда мужчины не встречала, хотя он, практически всего-то «второй». А самая «дорогая» ложь – это беременность. Особенно когда он с крючка срывается. А вы его - раз – и как обухом по голове: залетела дорогой, женись. А если еще слез добавить, плохого самочувствия – сработает стопудово.

**Ревность.** Даже самый неревнивый все равно ревнует, это же нормальное чувство нормального человека, который боится потерять любимую. Легкий фон ревности удерживать для поддержания тонуса, чтоб побаивался. И шквал – для критических ситуаций, чтоб инстинкт собственника сработал по полной. Мужики они ведь от конкуренции только заводятся: «всем нужна – значит и мне нужна». Очень удобно использовать одного мужчину в качестве «короткого поводка» для другого.

**Обещания и признания.** Обещать ему все, что он хочет услышать, рисовать будущее в самых ярких красках, планировать все за двоих и на двоих, пусть представляет и мечтает тоже. И признаваться в любви постоянно, чтоб верил и не сомневался.

**Обвинения.** Лучший способ защиты, как известно. Смело и уверенно навешиваете на него всю вину его и свою, обязательно со слезами, с признаниями в любви, можно и с истерикой. Пусть потом соображает где правда и кто виноват.

**Уход, хлопнув дверью, навсегда.** Или его выгоняете. Главное в «сердцах» и «от души», чтоб догнать хотел или вернуться.

**Бурный скандал с истерикой с обязательным бурным примирением.** Привязывает напрочь.

А для «женатиков» - особые, дополнительные средства в арсенале имеются:

- губная помада на воротнике рубашки или стойкий запах духов (прости, не хотела, так получилось);

- смс и звонки среди ночи или поздно вечером, когда жена точно рядом (ах, прости, не подумала);

- любыми, из вышеперечисленных, средствами удержать, чтоб домой опоздал в назначенный час (мне так не хочется тебя отпускать, не хочется с тобой расставаться);

- акцентирование на «недостатках» его жены и замечания в ее адрес, как бы вскользь произнесенные (ну, что же она тебя совсем не понимает, почему она с тобой так и т.д.);

- звонки на «домашний телефон» и молчание или «пригласите к телефону Васю»;

- навешивание (совершенно случайно) своих волос на его одежду, зная заранее, что у его жены волосы другого цвета;

- укусы и царапины во время страстного секса (опять же – ой, не хотела, не удержалась).

Кажется, ничего не упустила.

Это не придуманные способы, не теория, практика многих и многих, собранная из жизни. Думаю, каждая из вас согласится, что в ее «желтом чемоданчике» есть одно или несколько из этих средств обольщения. И кто ими не пользовался? Просто кто-то применяет их по обстановке, без злого умысла, а кто-то использует как «мощное оружие психологического воздействия». Ну что ж, «горе от ума».

# Я тебя люблю, ты должен...

*Самое большое проявление любви –*
*это отпустить любимого человека.*

AU

Ваш любимый вас разлюбил. Что делать мирится или бороться? Обычно советуют не опускать руки, пытаться все наладить, сохранить. А можно ли сохранить отношения с человеком, который вас больше не любит? Можно, отношения сохранить можно. Заставить его снова вас полюбить нельзя.

А нужно ли тогда сохранять отношения, если ваш любимый человек вас не любит. Да он может остаться рядом, но никогда не будет уже той связующей нити – любви, тех отношений. Другие будут, а нужны ли они вам. Но почему-то никто никогда не думает об этом, когда возвращает мужа или жену в семью, возвращает любым путем (шантажом, угрозами, обманом, жалостью, упреками, уговорами) своего возлюбленного, заставляя его быть рядом. Человек мягкий, уступчивый, или сверх-порядочный, хорошо воспитанный, несомненно, вернется и рядом будет, но он будет ВСЕГДА чувствовать себя НЕСЧАСТНЫМ.

Получается, возвращающий поступает эгоистично, не думая о том, кого возвращает, не заботясь о его чувствах и желаниях, насильно пытается сделать его счастливым. И все это прикрывается словами «Люблю», «Жить не могу». Чувствуете, жить не может и поэтому возвращает, т.е.

думает о себе, плохо ему. И поэтому делает плохо другому, чтобы самому было хорошо. Чистейшей воды эгоизм.

И никакая это не любовь. Любовь – это когда дарят добро, заботятся о том, кого любят, думают, прежде всего, о том, чтобы любимому было хорошо, и не привязывают его к себе цепями своего «люблю».

*А может нужно просто отпустить человека.* Может быть, отношения исчерпали себя. Может быть нужно, поступить по-взрослому, т. е. подумать не о себе и своем полудетском капризе и боязни остаться одному. Может просто пора повзрослеть и взять ответственность за свою жизнь в свои руки, а не держаться как неразумное дитя за кормилицу.

Некоторые так и поступают, оглядываются по сторонам, принимают решения и продолжают строить жизнь дальше, уже другую жизнь. А некоторые начинают «умирать», биться в истерике, умолять, запугивать, загонять своего милого в привычное "стойло", где тепло, уютно и спокойно.
Но нет любви, ну и ладно, зато все предсказуемо.

И невдомек им, что *не только своего любимого они обрекают на несчастье, но и себя.* Ведь всю жизнь придется жить с человеком, который сначала просто не любит, а потом начнет ненавидеть за то, что вы заставили его быть рядом насильно.

# Убеждайте убедительно.

*«Сто пудов» звучит намного весомее, чем «Сто процентов».*

*Приметы времени..*

Так иногда непросто бывает убедить кого-либо в чем-то, даже если это заведомо верная и правильная точка зрения. Попробуйте начать убеждать и, скорее всего, получите сопротивление. И не всегда потому, что человек упрям, глуп или строптив. Просто работает известный принцип – «принцип сперматозоида» (М.Литвак). Отвергается то, что навязывается, насколько правильным бы он ни было. Если хочешь чего-то от человека добиться, что-то заставить его сделать – запрети ему это. Этот принцип работает везде и всегда. Т.е. все с точностью до наоборот – запрещая – разрешаем, разрешая – запрещаем. Это в сути человеческой, наверное, запретный плод «всегда был сладок», а то, что разрешено и доступно – не нужно.

Так вот, для того, чтобы не «насиловать» человека собственными убеждениями, заставляя его принимать вашу точку зрения, очень хороший и верный способ убеждения – косвенное убеждение. Не стоит говорить человеку, что он что-то должен сделать, изменить, пересмотреть, можно просто рассказывать, что вот бы хорошо бы…. и как это здорово…. и что вам нравится, когда вот так бывает…. или говорить о том, что что-то очень плохо…. и не нравится, когда так бывает…. И что замечательно или отвратительно поступил тот-то и тот-то… и рассказать о своем отношении к ним…. А не к тому, кого вы убеждаете)) к нему-то вы всегда относитесь положительно. Это очень эффективный метод убеждения, очень хорошо «действует» на детей.... И на взрослых))

Иногда метод убеждения срабатывает наоборот, переносом ситуации на убеждаемого. Люди не всегда понимают чужую боль, чужие проблемы (чувство эмпатии развито не у всех). Поэтому чтобы человек понял, достаточно бывает «приблизить» ситуацию к нему, т.е. поставить его на место (воображаемо) другого человека, сравнив его ситуацию с той, в к которой он не адекватно относится. «Своя рубашка» быстро поставит все на свои места, все непонятное станет понятнее, потому, что «свое», потому, что «на себе».

Так что если хотите кого-то убедить, то убеждайте «убедительно».)

## *Пустота не болит.*

Что может быть страшнее предательства?

Предательство – это боль, это разочарование в себе, в том, кто предал, в жизни вообще. Предательство лишает сна, покоя, ты мучаешься в догадках – почему, за что, как такое могло случиться, ты путаешься в мыслях – в сотый раз, в тысячный «перемалываешь» факты, события, свои догадки, предположения, ведешь бесконечный разговор с самой собой, пытаясь понять, оправдать, осмыслить, забыть, выбросить из головы, возненавидеть, простить, снова возненавидеть. И снова боль, разочарование, гнев, ярость, апатия, боль, тоска. Разве может быть что-то хуже предательства?

Может.

Равнодушие. Это когда здесь, рядом, но не вместе, но с холодными глазами, когда наплевать, когда слушает в пол-уха, мимолетно, когда отводит глаза в телевизор во время серьезного разговора, а потом переспрашивает - что? И снова слушает в пол-уха, отвечая невпопад.

Когда все равно где ты, как ты, когда не скучает и всегда «нет времени», и встречи по графику и мимоходом, и дежурные звонки из вежливости. Это молчание телефона, когда ты ждешь, когда в ответ на смс, на письмо - тишина. Пустота, холодная и непробиваемая. Это когда «люблю» как стихотворение наизусть, четко, заученно и холодно. Это когда нечего сказать и не о чем спросить. Это когда не болит в ответ на боль, когда «рука не дрожит», делая «больно». А потом, молча и спокойно уходит. Когда все равно есть ты или нет. Когда думает только о себе, чтоб все было удобно и не осложняло жизнь. Не мешало. Не надоедало.

Предательство вызывает разные чувства, но это чувства. Они есть. Они бушуют. Значит жизнь идет. Есть боль, которая лечится временем. А равнодушие превращает душу в пустоту, в холодную зияющую дыру. Потому что нет чувств. И нет боли. Просто пустота, а пустота не болит.

## *Как это больно - понимать...*

«Что такое счастье? Счастье – это когда тебя понимают». Такой ответ прозвучал в фильме из далекого детства «Доживем до понедельника». Наверное, это, действительно, очень здорово, когда есть кто-то, кто понимает с полуслова, с полувзгляда. А вот счастье ли самому быть понимающим? Фраза «все поймет и все простит» не всегда, думаю очень приятна для того КТО ВСЕ ПОЙМЕТ. Это очень удобно и приятно тому, кого поймут и простят. Ведь это иногда становится просто бичом, наказанием, злым роком для того, кто умеет понимать.

Люди очень быстро привыкают к хорошему, в частности к тому, что КТО-ТО ВСЕ ПОНИМАЕТ. Значит, исключены лишние объяснения, лишние разборки, не будет никаких выяснений отношений. Это хорошо, удобно, не напрягает. И поэтому не нужно думать о том, что можно доставить боль, неприятность, можно задеть равнодушием того, кто все понимает. Ведь он ВСЕ ПОНИМАЕТ. Значит можно с ним не считаться. Можно жить в свое удовольствие, не задумываясь о том, что банальное невнимание, неосторожное слово, злая шутка или необдуманный поступок может задеть человека, который всегда рядом и всегда с вами, всегда готов выслушать, помочь, простить, понять.

Если человек способен все понять, все простить, значит это человек с особой тонкой эмоциональной структурой. Это человек способный проникнуться вашим состоянием, вашими мыслями, способный поставить себя на ваше место, чтобы ощутить весь спектр эмоций, переживаний, а следовательно сам по себе это человек очень ранимый и эмоционально подвижный.

Значит, любая боль ощущается им так же сильно как своя, значит, ему тоже бывает ПЛОХО И БОЛЬНО от ваших слов, непонимания, равнодушия. Если он способен понять, оправдать, то это не значит, что можно не думать о том, что вы делаете ему больно своими словами, своими действиями. Ведь считаетесь же вы с теми, кого задевает любое слово, любой жест, любая недомолвка. Предпочитаете там все сгладить, смягчить, не напрягать. А там, где понимают, сойдет и так. Простят.

Жестоко. Но, наверное, по-нашему. «Бей своих, чтоб чужие боялись». Поэтому того, кто поймет, обидеть можно, а того, кто не поймет, лучше поберечь.

Так может лучше не понимать?

## *Как трудно сделать первый шаг*

— *Поссорились?*

— *Да...*

— *Любишь её?*

— *Да...*

— *Тогда, не за водкой, и в «хлам» на четвереньках...*

*А за охапкой её любимых цветов, и — на колени!!!*

(кто-то из толпы)

Как трудно сделать первый шаг. Когда ты виноват, когда виноват не ты, когда обида еще гложет сердце, а «короткое замыкание» в голове от неугасающего гнева уже начинает плавно переходить в высокое напряжение, а после и в упорядоченное движение элементарных частиц. Как трудно подойти и попросить прощения, признать, неправоту, и восстановить испорченные отношения, пока это еще возможно. Пока трещина в отношениях не превратилась в пропасть.

Ведь чем больше времени проходит, тем сложнее и сложнее подойти, сложнее начать разговор. Ведь время безжалостно отдаляет друг от друга, разводит оставляя на сердце плохо заживающую рану. Во время размолвки у каждого в голове выстраивается своя история происходящего. Не общаясь друг с другом в жизни, мы продолжаем общаться в мыслях. Мы выстраиваем диалоги, сами задаем вопросы и сами же на них отвечаем.

В результате появляется две различные истории, две теории отношений. Они наверняка не совпадут, и каждая будет претендовать на единственно правильную версию. Но обе же они, скорее всего, будут далеки от истины, потому что отношения в них строятся с точки зрения одного участника, т.е. с его точки зрения. Но ведь не факт, что второй участник думает НЕ ТАК. Это этот думает, что он думает ТАК.

И чем больше додумок, тем дальше от объективности, тем сложнее и запутаннее отношения, тем дальше мы друг от друга. И тем сложнее снова найти точки соприкосновения. Ведь у каждого в голове теперь ДРУГАЯ ИСТОРИЯ. А не та, что, могла, быть сложена совместно. А *не проще было бы все обсудить, а не придумывать, кто что сказал и сделал*, кто, что подумал БЫ. Обсудить РЕАЛЬНУЮ ИСТОРИЮ. И не создавать пропасть в отношениях. А для этого нужно было всего лишь сделать первый шаг и поговорить.

# *Неверие....*

*Недоверие. Подозрительность.*
*Перегиб, паранойя? Бдительность?*
*Осторожность необходимая*
*Или бремя невыносимое?*
Арина Забавина

Интересную статистику я сегодня заметила.

Смотрела отчет о посещаемости своего блога «Полезная психология» и обратила внимание на читаемость статей о любви. Вчера были опубликованы две статьи – «Пять признаков настоящей любви» и «Пять признаков ненастоящей любви». И что интересно статья о «ненастоящей любви» читалась ровно вполовину чаще. И вчера и сегодня.

Почему? Люди не верят в настоящее чувство? Почему люди пытаются себе доказать не то, что их любовь настоящая, а ищут доказательство, что их не любят?

Что это? Настроенность на негатив? Или так много людей неуверенных в себе, в своих избранниках? Попытки разоблачения? Сомнения, подозрения в обмане? Или что-то еще?

Наверное, люди перестают верить не только в искренность чувств, а просто вообще перестают верить друг другу.

Слишком много лжи окружает, обман во благо, обман, чтобы выкрутиться, спастись. Все чаще любовь подменяется выгодой. Это тоже обман, но только более изощренный. Сознательный.

Чем чаще сталкиваются с обманом, тем меньше верят в следующий раз. Чтобы «закрыться» от обмана – обманывают сами.

Порочный круг - «ложь за ложь».

Вот поэтому и ищут люди доказательства обмана, а не доказательства любви.

Грустная статистика….

## Ревность - показатель чего?

*Я всегда ненавидел ревность; она слишком похожа на зависть. ...*

Николай Огарев

Ревнует - значит любит!?!?!

Так говорят обычно.

Не могу с этим согласиться. Всегда воспринимала ревность, как унижение недоверием. Раз человек ревнует, значит не доверяет, сомневается, заставляет оправдываться, доказывать.... особенно когда ревность беспочвенна.

Иногда ревность спланирована и является средством манипуляции... Все обвинения высказываются только для того, чтобы заставить человека почувствовать себя виноватым. Чувство вины - это кнопка, с помощью которой легко человеком управлять. Раз виноват, значит должен искупить, сделать то-то и то-то.

Особенно убивает "патологическая ревность" , когда стремятся загнать человека в определенные рамки, заставить жить в постоянном страхе не то сказать, не то сделать, не так посмотреть.... Каждое такое действие трактуется, как показатель измены, и "любимому" выписывается "по первое число". Неусыпный контроль, постоянные упреки, выискивание доказательств измены в любых незначительных мелочах, в словах; угрозы расправы и прочие прелести так называемой "любви..."

Непонятно, как можно любить человека и при этом держать его в состоянии стресса, доводить порой до мыслей о суициде... По принципу "Без меня жить не будешь, да и со мной жизнь раем не покажется"?

Любовь, доходящая до паранойи... по-моему, это не любовь, а психическое расстройство.

Жизнь с патологическим ревнивцем - это ад. Избавиться от него подчас невозможно, такому человеку невозможно объяснить, что причин не доверять, не существует, его нельзя убедить в необоснованности упреков, он видит только то, что хочет видеть. Тут может помочь только психиатр или развод.

(Психически нездоровыми они себя не считают и к психиатру обращаться не станут, расстаться тоже очень трудно... используют все методы для того, чтобы это не произошло), если же все-таки расставание произошло, то они иногда пытаются контролировать и после него, т.к. продолжают "любить."

Странно, да? "Любить" и уничтожать одновременно...
Все-таки ревность не показатель любви, думаю...
Ведь любовь - это желание добра, прежде всего... разве не так?

***

*У всякой ревности, ей-богу, есть причина,*
*И есть один не писаный закон:*
*Когда не верит в женщину мужчина,*
*Не верит он не ей - в себя не верит он.*

Николай.Доризо

## Скажи прямо, пожалей...

*Неопределенность убивает сильнее,*
*чем всякие там «не звони мне больше»*
AU

Думаем и хотим одно, а делаем и говорим другое. И удивляемся, почему нас неправильно понимают.

Неправильно выстраивая свое поведение, свои действия, мы получаем не то, что хотели бы получить в ответ. Все закономерно. Ведь окружающие люди не могут заглянуть к нам в голову, чтобы увидеть наши мысли. И поэтому реагируют на действия, которые мы реально совершаем. А это не всегда одно и то же. ***Не всегда мы делаем то, что хотим действительно сделать.*** Мешает нерешительность, нежелание обидеть, мягкость характера, уступчивость, хотя все это одного «поля ягоды» – неуверенности в себе. Поэтому трудно сказать, то, что на самом деле хочется и то, что внутри уже давно решено.

И после того как вы в очередной раз про себя произнесли «нет», а вслух «может быть», «скорее всего», «наверное» и «ну, ладно», вас начинают «рвать на части» ваши собственные сомнения, угрызения совести, недовольства самим собой, даже в большей мере, чем если бы вы сказали правду.

Потому, что ответив человеку положительно, например, на просьбу одолжить какую-то сумму денег, в данный момент нужную вам самому, вы обрекаете себя на собственную финансовую проблему, и теперь вам уже нужно придумывать, как из нее выйти. А как трудно спросить о деньгах у того, кто вам должен. НЕУДОБНО СПРАШИВАТЬ о своих деньгах, которые вам сейчас очень нужны. Или отвечать на вопрос должника: «Ничего, если я немного задержу выплату долга?» «Ничего, ладно уж». И приходится снова выкручиваться вам, а не тому, кто вам должен.

И нельзя винить того, кто вам должен. Он ведь спросил об отсрочке. А ВЫ РАЗРЕШИЛИ. ВЫ СОГЛАСИЛИСЬ.

Как ТРУДНО СКАЗАТЬ человеку, что больше нет желания с ним жить, или встречаться. Что чувства угасли или прошли совсем. И начинаются уходы и увиливания. Непрямые ответы: ни «да» ни «нет»; замалчивания, провокации к ссоре, чтоб был повод уйти. При выяснении отношения вместо «не хочу», «не люблю» звучат фразы «я тебе не верю», «вот если бы ты, то я…», «если станешь таким, как мне нужно», «если сделаешь то, то и это…». Т.е. человеку дают срок на исправление, на доказательства. И человек начинает доказывать. И искренне не понимает, почему все, что он делает, так как было выдвинуто в требовании, все равно не так, все рано не устраивает. Да все очень просто: это не нужно, ни так и ни как, НЕ НУЖНО СОВСЕМ. А вы ДАЛИ ШАНС, который не собираетесь использовать.

Разве это называется НЕ ОБИДЕТЬ отказом? Расстаться «потихоньку»? А вы подумали, какой это удар для того, кто старается вам угодить, не имея на это ни малейшего шанса? Да и для вас это пытка не меньшая, вы-то знаете, что ВАМ ЭТО НЕ НУЖНО, но вынуждены продолжать быть рядом, превозмогая себя.

Как ТРУДНО ОТКАЗАТЬ выполнить какую-то работу, которая вам не по душе или не по силам, взвалить на себя новые должностные обязанности, которые «давят на плечи», «подарить время» людям вам не интересным и не нужным, помочь в каких-то мелких бытовых проблемах, отнимающих много ваших сил и времени, да и много чего еще, в чем трудно отказать из-за боязни показаться неучтивым, невежливым, жадным, черствым.

*И мы соглашаемся, а потом «травим» себя за свою мягкость и беспринципность,* потому что пришлось пожертвовать тем, что нужно самому, пришлось перешагнуть через себя, сделать плохо себе, а иногда и тому, кому вы НЕ ОТКАЗАЛИ. Потому что человек мог интуитивно ощутить, что есть холодок, неискренность. Ведь не все же люди эмоционально глухи и слепы, некоторые очень тонко чувствуют любое ваше состояние. Можете представить, каково им осознавать, что вы, делая им добро, этого добра не желаете, а более того себя еще и корите, потому что это вам не в радость. Добро «из-под палки» - кому оно нравится.

Этот пост не о том, что не нужно помогать, выручать, беречь своих близких, щадить их чувства, просто иногда поступая «как лучше» подумайте: «а будет ли лучше от вашего неумения отвечать твердо и КОМУ будет лучше. Вам? Вашим близким? Или это сделает еще более тягостными ваши отношения, ваше состояние, ваше положение».

ТОГДА ЗАЧЕМ ЭТО НУЖНО?

***

Как важно вовремя расстаться -
До первой крови, до поджога,
До утонченных провокаций
И унизительных предлогов....

Как важно вовремя услышать
Фальшивый звук в любимой сказке,
Не сделать пройденное - лишним
И обретенное – напрасным....

Как трудно вовремя расстаться,
Когда ты врезан, впаян, ввинчен…
Когда вчерашние объятья
Закостенели жестким клинчем....

Бесстрастный сейф с забытым кодом…
И больше не за что бороться,
А пресный опыт несвободы
Рядится в серое банкротство....

Я в шлейфе смолкнувших вибраций,
Я где-то там... - на полпути:
От невозможности остаться
До невозможности уйти...

Наталья Лукьянова

## *«Настоящая дружба»*

*«Человек без друзей, что дерево без корней».*

Так говорит старая русская пословица. И мы все с детства знаем — друзья человеку необходимы, чтобы….

Чтобы что?

Чтобы они были?

И чтобы мы могли обратиться к ним в трудную минуту, а они к нам, и мы обязательно поможем друг другу…. «Сам погибай, а товарища выручай»…. Опять же прописные истины из детства…. Но всегда ли эти прописные истины действительно правы и действительно отражают реальные отношения друзей?

Кто на самом деле может считаться другом? И что такое настоящая дружба?

Я думаю, сейчас вряд ли кто-то погибает за своего товарища (не будем говорить об экстремальных ситуациях)…

В обычной жизни сейчас принято считать друзьями тех, кто может до получки сотней-другой выручить, при невезухе и проблемах «на кухне -

посочувствовать», с кем на пикник и в сауну можно поехать, в «кабачке» расслабиться….

Что еще? К кому в гости без предупреждения «завалиться» можно…. На новый год, на день рождения или вообще просто так, потому что пятница…. Это дружба?

Нет, это просто приятельство, по-моему. А что же такое настоящая дружба? И бывает ли она в действительности?

Попробуем разобраться.

Вот когда «дружат люди много лет», вроде бы все друг о друге знают – секреты, тайны самые сокровенные друг другу доверяют…. Общаются часто и много, пытаются друг другу помогать, подсказывать что-то…. Где-то, как-то…..

Это дружба? Настоящая? Возможно….

Но только когда «друг» спрашивает «Как дела»? В надежде услышать, что у тебя дела идут хуже , чем у него…. Это дружба ? Нет, это не дружба…

Или когда твой «друг» огорчается, что у тебя что-то лучше получилось, чем у него…. Это дружба? Нет, это не дружба…

Или когда твой «друг» любит с твоей помощью решать свои проблемы, а твои проблемы ты решаешь сам…. Это дружба? Нет, и это не дружба….

Или когда твой «друг» рад, хоть и пытается это скрывать, твоим неудачам и промахам…. Это дружба? Нет и это тоже не дружба…

А когда твой «друг» под удар твою голову подставляет, а сам при этом в стороне находится, в роли наблюдателя: если что получится – победа наша, а если нет – он тут не причем…. Это дружба? Ответ очевиден…. Нет….

Когда твой «друг» врет тебе и не во спасение, а просто врет…. Это дружба? Конечно, нет…..

Когда «друг» льстит в глаза, а «за глаза»…… Может это дружба? ….. :-)

Но ведь люди дружат много лет, вроде бы все друг о друге знают – секреты, тайны самые сокровенные друг другу доверяют…. Общаются часто и много, пытаются друг другу помогать, подсказывать что-то…. Где-то, как-то…..

И это не дружба…..
Что же это тогда?

### Друг познаётся в удаче

*Друг познаётся в удаче*
*Так же порой, как в беде.*
*Если он душу не прячет,*
*Чувства не держит в узде.*

*Друг познаётся в удаче.*
*Если удача твоя*
*Друга не радует, - значит,*
*Друг твой лукав, как змея.*

Или же горькая зависть
Разум затмила его,
И, на успех твой позарясь,
Он не простит ничего.

Он не простит... Но иначе
Скажет об этом тебе.
Друг познаётся в удаче
Больше порой, чем в беде.

Андрей Дементьев

# Почему мы теряем друзей?

*Если дружба закончилась, значит, ее и не было*

Марк Твен

Причин много... от самых банальных и простых до парадоксальных и сложных...

С одними разводят годы, разные судьбы и расстояния....
С другими предательство и подлость...
С третьими - наша лень, равнодушие и невнимательность....

Жили люди рядом, дружили, общались, потом их раскидала жизнь по разным неблизким краям, или просто один взлетел высоко вверх, тогда как другой остался на том же месте, на том же уровне... это можно понять и простить. Разный образ жизни, разный социальный статус, разные интересы... общее прошлое - не повод для близких отношений всю жизнь....

Когда близкий друг, с которым "пуд соли вместе съеден", вдруг приносит в жертву дружбу ради карьеры, ради теплого местечка, ради собственного благополучия, понять можно (слаб человек)... а вот простить, наверное, дано не каждому...

Общение с друзьями требует времени, душевных сил... А мы так устали, так лень шевелиться... лень позвонить, еще больше лень написать.... не говоря уже о том, чтобы лишний раз просто встретиться....

Забываем поздравить с днем рождения, ответить на сообщение, иногда попросту проверить почту... о событиях и проблемах узнаем поздно и не спешим помочь... откладываем на потом поддержку, дружеское участие, сопереживание за неудачи и победы....
Это можно простить (устал человек, замотался, погряз в своих проблемах), а вот понять... ведь рано или поздно вокруг образуется пустота… и никого...

## Друг-любовник.

*Но главное, главное для меня — с ним было интересно.*

*Лучшая игрушка, лучший учитель, лучший любовник,*

*единственный друг.*

Марта Кетро. Три аспекта женской истерики

Вопрос о существовании женской дружбы много раз обсуждался и обсуждается, вызывая противоречивые мнения. Но еще более противоречивым и обсуждаемым остается вопрос существования дружбы между мужчиной и женщиной. И у нее сторонников столько же, сколько и противников или….. кого-то из них больше…

Я думаю, что такая дружба все-таки существует, хотя многие со мной не согласятся. Что ж, каждый может считать как ему нравится, как думает.

Но все-таки, не все отношения между мужчиной и женщиной переходят в интимные. Бывает действительно дружба, продолжающаяся иногда много лет…

Хотя, я не буду полностью опровергать и второе мнение…. И так тоже бывает….

Одна из моих подруг однажды призналась, что хотела бы, чтобы ее друг стал ее любовником, или любовник был одним из ее друзей. «Как это здорово было бы, если сексуальный партнер был бы еще и задушевным другом)

С ним можно было бы обсуждать свои проблемы, делиться мыслями, сплетнями».

Возможно, ли совместить секс   и духовное общение? Или либо любовник, либо друг?

У каждой женщины, наверное, есть в жизни мужчина, с которым ее связывает давняя многолетняя дружба, именно дружба. У него можно поплакаться на плече, пожаловаться на судьбу, рассказать свои новости приятные и неприятные. Мы рассказываем ему свои мысли, делимся сокровенными   желаниями,   может   даже   какими-то   интимными подробностями своей жизни. Любое яркое событие в жизни можем с легкостью доверить своему другу противоположного пола. Это может быть бывший одноклассник, или вообще друг со времен детского сада, с которым сидели рядом на горшках или шли за ручку в первый класс, пускали корабликов в лужах и лазили вместе воровать огурцы в соседский огород. Это может быть одногруппник со студенческих времен или бывший сослуживец, или вообще какой-то знакомец по интернету, с которым так ни   разу и не довелось встретиться в жизни, и роману просто не суждено было начаться, а, следовательно, получилась хорошая добрая дружба. Вот этим самым друзьям мы с готовностью открываем душу, используем  его как жилетку для своих слез и соплей, позволяя ему делать то же самое, потому что как мы оба уверены, никто нас не поймет лучше. И поэтому с  самоупоением навешиваем друг на друга все свои 33 несчастья.

И вот в один прекрасный момент вдруг все это летит в тартарары.

Как это бывает?

Однажды в порыве очередного душеизлеяния и утирания слез и соплей, при  острой  нехватке  душевного  тепла  извне,    «я  такая(такой) несчастная(ый), обними меня» или после вечеринки, где ближе никого не оказалось, или просто потому что «а почему бы нет», ведь нам так хорошо когда мы вместе.

А потом бывает утро, пробуждение, и каждый понимает, что бывших дружеских отношений уже быть не может. Что-то изменилось, как бы мы не убеждали себя в том, что все как прежде и ничего особенного не произошло. Ломается что-то незыблемое, невидимое глазу. И чаще всего вырастает прочная стена.

Дальнейшие варианты развития.

Снедаемые стыдом, самокопанием, чувством утраты чего-то очень важного и дорогого, бывшие друзья просто прячутся друг от друга какое-то время, изводя себя единственны вопросом «Зачем?» Они выжидают время, отпускают ситуацию, тщетно пытаются перевести все в «ну и что» и только потом уже готовы к новой встрече, которая может стать решающей в сложившейся ситуации.

 Как в дальнейшем сложится ситуация, можно ли сохранить былые доверительные отношения и возникнет ли у них желание снова обсуждать друг с другом свои последующие романы, новости, события. Смогут ли они с былой легкостью  делиться друг с другом секретом? Вряд ли. И повторить то, считают ошибкой, скорее всего не отважится ни один из них. И вот результат, любовники из них не получились, друзьями быть перестали. Просто знакомые….

Второй вариант развития событий – сначала идет примерно по тому же сценарию, они прячутся друг от друга какое-то время, боятся телефонного звонка, случайной встречи, случайного упоминания в разговоре с третьими лицами.   Потом – встреча. И они понимают, что всю жизнь искали друг друга. В результате -   счастливый брак. Замечательный  исход событий, но крайне редкий.

Это конечно, чудесно, если любимый человек еще и оказывается близким душевным другом, но, все же,  статистика вещь неумолимая, сколько бы психологи и мудрецы не бились над тем, что все можно забыть, принять, излечить, понять, но друг уже никогда не будет нашим другом, если с ним был секс. Увы.

*Зачем мы перешли на «ты»?*
*За это нам и перепало.*
*На грош любви и простоты,*
*А что-то главное пропало.*

Булат Окуджава

## *Личное пространство.*

*Ты влез в моё личное пространство, куда заказан путь всем,*
*кроме красавиц с кошачьей походкой.*
*Поэтому извини, но ты в пролёте.*
Совершенный Человек-Паук

Интересное сравнение: у нас при встрече говорят «как дела?» А в Америке это звучит «как ты?». Вроде бы как одно и то же, но смысл совершенно разный. Задавая вопрос «как дела» нас ставят в ситуацию, при которой мы вынуждены рассказывать о своем житие-бытие, проблемах, т.е. о своей жизни. Что, в общем-то, не всегда хочется и не всегда на самом деле интересует собеседника.

Но вопрос задан, следует отвечать.

И мы начинаем либо вести «тягомотное повествование» о надоевшей работе и вредной начальнице, которая сживает со свету; о детях, которые учатся кое-как и совсем не слушаются; о проблемах с мужем, который только и делает, что лежит на диване и смотрит свой дурацкий футбол и даже мусор не вынесет; о том, что невозможно закончить надоевший ремонт, потому, что снова не хватило денег.....

Либо бросаем короткое «нормально» и стараемся перевести разговор на собеседника, задав ему тот же «провокационный» вопрос....

Либо с лучезарно смоделированной улыбкой загадочным тоном бросаем «лучше всех» и удаляемся от озадаченного собеседника, предоставив ему, право самому решать, как у нас обстоят дела….

Американцы же, задавая свой вопрос «как ты» интересуются, как правило, самочувствием, настроением в данный период времени, не затрагивая тему личных дел.

И, наверное, это правильно. Никто не вмешивается в личную жизнь другого человека без особого на это разрешения. А у нас почему-то каждый считает своим долгом без спросу «совать нос» в чужую жизнь.
Друзья, родственники, знакомые не на шутку обижаются, если мы не хотим обсуждать с ними свои планы, свои дела, свои замыслы.

Почему? Разве человек не имеет право на свое «личное пространство», куда посторонним вход запрещен. Даже если это близкие люди.

# Недетские проблемы детей.

*Дети не так сильно любят, как сильно хотят быть любимыми.*
*Для всякого ребенка одобрение взрослого означает любовь,*
*а неодобрение — ненависть.*
Александр Нилл

Часто возникают проблемы: дети совершенно неуправляемы, драки, агрессия, дети ничего не хотят, никого не слушают. Родители и педагоги хватаются за голову: не знают, что с ними делать, не могут понять, кто виноват. Препираются друг с другом, виня один другого.

Самое интересное, что чаще всего тестирование показывает не агрессивность детей, а неправильное отношение родителей к ним. Что значит неправильное? Одним родителям дети мешают, отвлекают от жизни, другие слишком увлечены безмерной заботой о них, забывая, что дети уже подросли и не настолько нуждаются в их опеке, мешают детской самостоятельности.

Как ни странно, практически во всех семьях, от детей либо пытаются «откупиться», либо пытаются их «сломать». Родители не принимают в детях те качества, которые свойственны им самим (со стороны-то виднее).

Неразумность требований-запретов – когда либо все можно, либо ничего нельзя, либо сегодня это можно, а завтра это же нельзя, и за это же наказывают – за то, что вчера было можно.

Практически никто не видит в ребенке человека – либо игрушка, либо помеха.

А если в семье конфликт, то тут детям достается по «полной».... Как будто они виноваты.

И что ж удивляться, что дети не слушаются.... Просто они так борются за свои права, пытаются быть услышанными.

Вот так всегда, *если проблема у ребенка – ищи проблему у родителей*. Дети – это ведь всего лишь отражение проблем взрослых. Сами по себе они ведь как чистый лист, что на нем напишешь, то и будет.

Если хочешь изменить поведение своего ребенка – начни с изменения себя. Самый верный совет родителям непослушных детей.

## Секрет счастья

*Счастье — это когда твоё счастье счастливо рядом с тобой.*

AU

Если посмотреть на причины всех размолвок, раздоров, ссор, чтобы попытаться понять, почему люди, вроде бы близкие, родные, любящие друг друга, кричат, оскорбляют друг друга, не прощают промахов, ошибок, почему обижают и обижаются, выражают недовольство, иногда специально ищут повод для ссоры, то можно , наверное, как основные, выделить 2 причины, первая – когда люди слишком разные и вторая, когда люди очень похожи.

Парадокс? А какими же они должны быть? Об этом после, вначале о причинах.

Когда люди слишком разные, они не прощают другому его непохожести, его инакомыслия, люди не любят тех, кто «другой». Другой – значит неправильный, и постоянно ищут доказательство этому....и..... разумеется, находят....ведь, как известно, кто ищет, тот всегда найдет...

Когда люди слишком похожи, они не прощают похожести, потому что слишком хорошо знают себя и все свои недостатки....и предпочитают не замечать их в себе, но именно эти недостатки так раздражают в ком-то.... Они ведь слишком видны для знающего в них толк, человека и слишком неприятны.

Какими же тогда быть? Ответ, по-моему, напрашивается сам собой, терпимыми, нужно уметь принимать человека таким, как он есть, и позволять ему быть таким, как он есть, а не пытаться переделать, исправить, изменить, сломать. ***Просто позволить человеку быть другим или похожим, но самим собой***. Так просто, и так сложно. Но именно в этом и заключен секрет бесконфликтности в семье, на работе, просто на улице, на земле….

Секрет счастливой жизни, которому нужно учиться всем.

# Вместо эпилога

## *Делайте добро!*

> *Делать добро легче, чем быть добрым. ...*
> Жорж Вольфрам

Мы все говорим, говорим о том, что нужно быть добрее друг к другу, внимательнее, помогать тем, кто в этом нуждается, ведь в характере наших людей заложено милосердие и бескорыстие. Но иногда дальше слов дело не двигается. И хочется порой услышать прямой ответ на прямой вопрос: а что ты конкретно сделал в жизни хорошее?

Чем ты лично помог людям?

Причем этот вопрос нужно задавать не только окружающим, но и себе лично. Ведь с себя тоже иногда нужно спрашивать. Спрашивать с других и поучать мы все умеем, а вот самому ответить на эти вопросы бывает нелегко.

И далеко не каждый из нас способен похвастать тем, что сделал в жизни что-то просто так, без выгоды для себя, от чистого сердца.

Но есть все-таки люди, которые без лишних слов, без ожидания благодарности, без похвальбы и корысти просто делают добро, помогают людям своими конкретными делами.

А ты, конкретно, можешь помочь бескорыстно?

## Оглянитесь...

*Не жди многого от людей, а будь благодарен им за улыбку,*
*приветствие, доброе слово, разговор.*

Виктор Лихачев

Бег, суета, мы все время мчимся, торопимся, боимся опоздать.....
Встречи, дела, планы, договоры..... Быстрей, быстрей.... Одна работа,
другая, третья.... Все на ходу, второпях: знакомимся, влюбляемся,
расстаемся, опять влюбляемся.... Бежим - встреча, договор, свидание,
встреча, договор.... Деньги, деньги, деньги.... Не упустить, успеть, не
прогадать.... Имена, лица, имена, стертые в памяти обрывки фраз,
признаний.... Несказанные слова, неподаренные чувства.... Деньги,
имена, встречи, деньги.... быстрей, быстрей.....

Круговорот,

огромная воронка,

затягивающая и растворяющая,

выбраться из которой невозможно....

Остановитесь!

Посмотрите вокруг!

Небо - голубое! Солнце играет яркими лучами в золотистой листве!

За зимой приходит весна и сады оживают в пышном цветении! Лето наполняет пространство теплом и зеленью! Осень осыпает мир позолотой!

Как давно вы это замечали?

Как давно вы обращали внимание на прохожих, смотрели им в глаза, дарили улыбку?

Кто живет рядом с вами? Как зовут ваших соседей?

Как чувствуют себя ваши близкие? Что знаете вы об их жизни? Обращаются ли они к вам, когда им плохо? Или вам нет до них никакого дела? Вы звоните им просто так или только в праздник и по делу? Рядом с вами друзья или «нужные люди»? Вы живете рядом с тем, кого любите, или с тем, с кем выгодно?

Вы измеряете жизнь монетами или улыбками? Вы можете сделать что-то просто так, из чувства сострадания, от чистого сердца?

Остановитесь, задумайтесь, оглядитесь!

Вокруг целый мир и он прекрасен!
Живите! Любите!
И дарите
любовь
и добро!

# Оглавление

Printed by Books on Demand GmbH, Norderstedt / Germany